ノンママ
という生き方

〜子のない女はダメですか?〜

香山リカ

GENTOSHA
幻冬舎

ノンママという生き方
――子のない女はダメですか?

ノンママという生き方　目次

第1章

「子のない女性」3割の時代

第2章

「私はノンママ」、それぞれの事情

第3章 ノンママ女性へのハラスメント

第4章

自分を肯定できないノンママたち

第5章 母親にかなわないノンママたち

第6章

ノンママたちの〈介護〉と〈最期〉

第7章
誰もが当事者――保育園落ちたの私だ！

装幀　長坂勇司
本文ＤＴＰ　美創

第1章

「子のない女性」3割の時代

28歳、38歳、55歳の「子どもいません」

あなたのまわりに、「子どもを産んでいない女性」はどれくらいいるだろう。

もちろん、「産んでいない」とはいっても、その女性の年齢によって大きく事情は異なる。たとえば、その人が25歳であれば「いまはまだ産んでいない」というだけで、5年後、10年後には子どもがいることもおおいに考えられる。それも、ひとりではなくて、ふたり、3人と産んでいるかもしれない。

しかし、その人が「38歳で産んでいない」となると、やや微妙な状況になってくる。もし、その女性が「結婚してはいるが子どもはいない」のであれば、これから妊娠、出産という可能性も考えられなくはない。いまは40歳前後の出産もまったくめずらしいものではなくなりつつあるからだ。

ところが、「38歳、独身」ならどうだろう。しかも、「いまはとくに交際相手もいない」ということであれば、ついこんな計算をしたくなってしまう。

「これから誰かに出会って交際して、結婚の意思を固めて、となると1年、2年と時間がかかる場合もある。そうなると結婚ですでに40歳、それから妊娠にトライするとして出産は41歳かそれ以上。もしかすると、この人はこの先、一生、子どもを産まない可能性も大きいのではないか」

このように、「子どもを産むかどうか」は、その女性の年齢や状況、既婚か未婚かなどによって大きく変わってくるので、質問をもう少しわかりやすくしてみよう。

いま、「子どもを産むことなく一生を終える女性」は、女性全体の何割くらいになるだろう。子どもがいる女性は、こんな答えになるのではないか。

「うーん、私はいま45歳で子どもがひとり、まわりの友だちもだいたいひとりかふたり、子どもがいるよね。そう考えると、一生、子どもを産まない女性なんていてもごくわずか、5%くらいじゃないの」

ちなみに、私は55歳で子どもがいない。もちろん、「一生、子どもを産まない女性」のひとりだ。「類は友を呼ぶ」というわけではないが、高校時代からずっと仲良くしている女6人組のうち、子どもを産んだのはわずかふたり。単純計算で言えば、実に67%は「子どもを産まない」となる。

しかし、これはあまりに偏った集団と言えるかもしれない。医大時代の同級生でも、同窓会に出てくる女性のほとんどは子どもを持っている。それを考えると、「まあ、子どもゼロのまま生涯を送る女性は1割程度か」と思っていた。

「生涯子どもゼロ」の女性は25%以上

ところが、先ほどの質問をもう一度、見てもらおう。

いま、「子どもを産むことなく一生を終える女性」は、女性全体の何割くらいになるだろう。

ここには「いま」という文字がある。私は1960年生まれだが、たしかにそれくらいの年代に生まれた人では「生涯子どもゼロの女性」は少数派だ（それでも後述するように、私の印象よりずっと多い）。ただ、時代が進むにつれて子どもを産むことのない女性は、どんどん増えている。

厚生労働省が数年ごとに行っている「出生に関する統計」という調査がある。現時点での最新版は2010年に調査が行われ、同年末に概況が公表されている。

その中の一項目をそのまま引用する。そこには、驚くべき数字が提示されている。

［子を生んでいない女性の割合］

子を生んでいない女性の割合は増加している。

昭和28年生まれ以降の女性の出生年別に子を生んでいない割合をみた。子を生んでいない女性の割合は、1から第1子累積出生率を減じることにより算出した。

40歳において子を生んでいない女性の割合をみると、昭和28年生まれでは10・2％であったが、世代を追うごとに増加傾向にあり、44年生まれでは27・0％となっている。

30歳において子を生んでいない女性の割合をみると、昭和28年生まれでは18・0％であったが、世代を追うごとに増加傾向にあり、46年生まれでは48・9％、47年生まれでは49・8％、48年生まれでは51・0％、49年生まれでは51・5％となっており、「第2次ベビーブーム」期以降に生まれた女性の約半数が30歳の時点で子を生んでいない。ただし、昭和53年生まれと54年生まれを比べると0・3ポイント減少している。

なお、女性の未婚率も年を追うごとに上昇している。

もちろん、「40歳で子どもを産んでいない女性」がそのまま「生涯子どもゼロ」になるかどうかは、わからない。人口動態統計によると、2013年における40歳以上で出産した女性の数は4万7662人となっている。これが第一子なのか第二子以降なのかはわからないが、たとえば先の表で調査時点での「40歳」となっている昭和44（1969）年生まれの女性の人口は92万人。この中の27％は約25万人となる。

もし先ほどの「40歳以上の出産約4万8000人」をそのままこの時代に適用し、しかもこの全数が「第一子出産」だと想定すると（実際それはないはずだが）、それでも約20万人強、つまり「22％は50歳時点でも子どもゼロ」となる。おそらくこの人たちは「生涯ゼロ」と想定してよいだろう。

つまり、40代ではじめて出産する人をどんなに多く見積もったとしても、22％以上、たぶん実際には25％以上が「生涯子どもゼロ」と考えられるのだ。

衝撃の数字が物語ること

25％以上、もしかすると3割近い女性が「生涯子どもゼロ」。

これはかなり衝撃的な数字ではないだろうか。

しかも、先ほど私自身の同級生6人組のうち4人に子どもがいないと紹介し、それはかなり偏った集団と言ったが、そうとも言い切れないことを示すデータもある。

以下は、内閣府が発行している「男女共同参画白書（平成16年版）」に掲載されている「均等法第一世代の女性の未来観」と題されたコラムの一部だ。

内閣府男女共同参画局では一部上場企業に昭和61年~平成2年に総合職として採用され、今も就業し続けている均等法第一世代の男女と、国の審議会委員等を対象に男女共同参画社会の将来像についてのアンケートを行った（平成16年1月実施）。ここでいう均等法第一世代とは、男女雇用機会均等法が施行された直後に会社で基幹的業務（総合職）を行うべく就職した人たちで、現在40歳前後である。企業に均等法第一世代に当る社員を男女1名ずつ選んで回答してもらうという方式によったところ、回答者は男性127名、女性91名であった。女性の回答者が少なかったのは、今も働き続けている女性が少ないためであろう。

アンケートに回答した均等法第一世代の女性の属性をみると、91人中既婚者が46人

（50・5％）である一方、未婚者が38人（41・8％）いた。また91人中、子どもがいない者は64人（70・3％）に上った。

このコラムは２００４年に書かれたものだから、ここに出てくる均等法第一世代は、もう50代の大台だ。

サンプル数が少ないのでこれだけから何かを言うことはできないが、最後の行、「91人中、子どもがいない者は64人（70・3％）」という数字に目を奪われる。もちろん、この人たちも「40代の初産」にチャレンジしなかったとは限らないのだが、それでもどう見積もっても、その数は数パーセントであることは、先に見た通りだ。

私の高校時代の同級生６人組の内訳は、企業の管理職、教員、翻訳家などさまざまで、みな総合職というわけではないが、忙しさはそれ相当と言ってよいだろう。そうなると、そのうちの４人つまり7割近くに子どもがいないというのは、とりわけ偏った数字でもないということになる。

考えてみれば、先ほど「医大の同窓会ではほとんどの女性同級生がママ」と言ったが、そこに出席しているのがすべての女性ではない。私の学年はなぜか前後の学年に比べて女性の比率が高く、クラスの2割を超えていた（いまでは医学部の学生の3割かそれ以上は女性だが、私が学生生活を送った1980年代は1割が平均であった）。

同窓会にほとんど顔を見せない同級生の中には、子どもがいない女性も多くいる。彼女たちはたいてい、地方の基幹病院で多忙な業務に追われていたり、基礎医学の研究所で研究ひとすじの生活を送っていたりする。

そういったドクターたちの顔と名前も思い出しながら数え直してみると、やはり少なくとも4割の女性は「子どもゼロ」だ。

未婚の「あきらめ型」、既婚の「あきらめ型」

子どもを産むことなく、一生を終える女性は3割近く。

しかも、高学歴で総合職、専門職の女性では、その割合はもっと高いかもしれない。

にわかには信じがたい数字だが、各種の調査がそれを明らかにしている。

もちろん、「一生、子どもを産まない女性」といっても、その事情はそれぞれだ。

まずは、子どもがほしかったのにママになれなかった女性、つまり、「あきらめ型」がいる。

その中には、そもそも結婚のチャンスがないまま歳を重ねた人もいるだろう。また、一度は結婚したが、離婚した、あるいは夫と死別したなど、「シングル・アゲイン」となり妊娠の機会を逸した人もいる。

また、「結婚はしたが子どもがいない」という人の中で、「セックスレス」という本質的な問題を抱える夫婦、セックスじたいはあるが不妊の夫婦、また経済的事情や仕事の事情(夫婦での自営業でどちらかが休めない、など)で妊娠、出産をあきらめざるをえないケースも少なくないはずだ。また、近年、「保育園待機児童問題」が注目を集めているが、将来を見越して、「子どもをつくっても保育園に預けられそうにない」と、出産をためらう若い夫婦もいるかもしれない。

自治体があの手この手で、婚活・結婚を支援

いま、少子化対策は日本の大きな課題になっているが、行政が「子育て支援」などで積極的に働きかけようとしているのは、この「あきらめ型」に対してである。「結婚して子

どもほしいのに結婚の機会がない」という人たちのために、最近では自治体主導で多数の「婚活・結婚支援サービス」が行われている。

たとえば、北海道は「北海道コンカツ情報コンシェル」というポータルサイトを運営し、札幌市には実際の相談所も設けている。

ポータルサイトには、「結婚の価値観は人それぞれ」としながらも、次のような「結婚して良かった！　と思えるポイント」が羅列されている。

・毎日好きな人と一緒にいられる
・人生の喜びや悲しみを分かち合える
・精神的な安心感
・一緒にご飯を食べる人がいる楽しさ
・社会的信用が得られた
・経済的な安定が得られる
・結婚・妊娠・出産・育児と様々な経験ができる
・相手や子どもの為に「忍耐」や「我慢」をする事もあるが、それ以上に得られるも

のがある

最後の一項目の「忍耐」や「我慢」が気になるところだが、後はすべてポジティブな項目ばかりで、「結婚生活はバラ色」といったイメージだ。また、結婚生活イコール「妊娠・出産・育児」とセットになっていることも、さりげなく強調されている。

北海道の場合、少子化と同時に過疎化も大きな問題なので、道外から結婚のために移住してくる人たちによる人口増への期待も込められているのだろう。北海道各地で予定されている「婚活イベント（出会いの場をセッティングするパーティーなど）」も細かく紹介されているこのサイトを見ると、北海道がいま「婚活」にとても力を入れていることがよくわかる。

もちろん、北海道に限らず、自治体などが主催する「婚活パーティー」でめでたく結婚したカップルに対しては、妊娠や出産に向けての情報提供、不妊治療の支援、そして出産や子育てを支援するさまざまな助成やサービスが用意されていることは言うまでもない。

その甲斐があってか、合計特殊出生率（女性が生涯に産む子どもの推定人数）が２０１５年は１・４６と２年ぶりに微増した（前年より０・０４ポイント上昇）。出生数も１０

0万5656人と、5年ぶりに前年より増えたそうである。

厚生労働省は、この原因を「景気の回復傾向を背景に、30代と人口が多い40代前半の『団塊ジュニア』世代の出産が増えた」と分析している。出産をためらっていた夫婦が、本当に「景気が回復したから」と子どもを持つことに踏み切ったのかどうか、慎重な検討が必要だが、国をあげての少子化対策の効果が少しでも出ているのだとしたら、それは素直に評価すべきであろう。ただ、いずれにしても安倍政権が掲げている「2025年度までに希望出生率1・8の実現」という数値目標の達成は、このままではきわめてむずかしいことは言うまでもない。

結婚も出産も、とてもプライベートなことなのに……

後述するように、個人的には私は、この「国をあげての少子化対策」にはやや否定的だ。明治時代のいわゆる「富国強兵」を連想させるものであること、またいつの時代であったとしても、結婚や妊娠・出産はきわめてプライベートな問題であり、そこに公権力が介入したり力を加えたりすべきではない、と思っていることがその理由だ。

もちろん、「本当は結婚して子どもを持ちたいのだけれど」という人に、そうできない要因があり、それを政治の力で取り除くことができるなら、すみやかにそうすべきだろう。たとえば、収入が安定しないからという理由で子どもを持てない若い夫婦のために、若者の雇用安定や待遇改善に向けた政策を講じることは必要だ。

ただ、市や町が主催して若い男女を集めて、「恋愛、結婚はすばらしいですよ、さあ、どうぞ」と結びつけようとするというのは、あらゆる意味でやりすぎなのではないか、と思ってしまうのだ。

また、これも後述するが、「恋愛と結婚」だけでは妊娠には至らず、そこには生殖行為つまりセックスが必要だ。それはいつの時代も人の心の深層や、それまで生きてきた過去と深く結びついた「ひめごと」であり、人前で堂々と語ったり披露したりするものではない。それは道徳的、倫理的観点からではなくて、精神分析学的観点からそう思うのだ。

もし、セックスが資格取得の勉強法を語るかのように、「毎週末の夫婦の楽しみとしてするのはもうやめて、子どもをつくるために、排卵の時期を中心に集中的に連日行うようにしてるの」などと公然と語られるものになったとしたら、人の心は確実にこわれていくに違いない。

このように、「あきらめ型」に対して、そこから脱してもらうためのアプローチは可能だが、かなりの慎重さを要し、就職あっせんや趣味のすすめとは大きく異なることを、対策する側もよく心してもらいたいと思う。

選び取った「ノンママ」、いつのまにか「ノンママ」

一方で、どれほどの数がいるかは定かではないが、結婚しているかしていないかにかかわらず、「私は子どもを持ちたくない」と積極的に子どもを持たない人生を選んだ「選び取り型」、あるいはそこまで積極的にではなくても、「いまはまだ仕事が忙しいし」などと時機を見ているうちに妊娠可能な年齢がすぎていた「いつのまにか型」もいるはずだ。

このうち、「いつのまにか型」に対しては、「仕事がヒマになったらそのうちに、と言っているうと卵子が老化してしまう」「30歳をすぎると自然妊娠の確率はぐっと減る」といった基本的な妊娠・出産の知識を授けることで、「それなら早いうちに」と気持ちを切り替える人も出てくるかもしれない。しかし、それでも、「それはわかっているけれど、いまはとにかく仕事が立て込んでいて」とすぐには踏み切れない人もいるだろう。

また、「子どもはほしくない」と自分で決定している「選び取り型」にしても、その深層心理の部分まではわからない。ゆっくりカウンセリングをすれば、「私だって本当の本当のところでは子どももほしいのだけれど、人生は二度繰り返せないし、だとしたら仕事のほうを優先するしかない」という「隠れあきらめ型」も含まれるだろう。

このように、「子どもがいない女性」の中でも「あきらめ型」「いつのまにか型」「選び取り型」の線引きは、それほどクリアにはできるわけではない。

そして本書では、とりあえずこの3つのタイプがいると想定し、そのうち「私は子どもはほしくない」という「選び取り型」と、「ほしくないわけではないけれど、とにかく仕事やボランティアなどで、とてもいまは子どもは持てない」という「いつのまにか型」の中でもかなり「選び取り型」に近いタイプを、「ノンママ」と名づけたいと思う。少子化解消の担い手として期待される「ワーキングマザー」の略称「ワーママ」と、対になることも意識した造語だ。

ではなぜいま、「ノンママ」なのか。

○「いろいろつらいことだって、あるんです」

――なるほど。自分で「子どものいない人生でもいい」と決めたのだとしたら、まあ、それは少子化が進む社会の中で、おおっぴらにほめられはしないだろうけれど、ほかの人が口出しするようなことでもない。後はご自由に生きてください。

そう納得する人もいるかもしれない。

しかし、話はそう単純ではないのである。

ノンママは、「自分で決めた」とさっぱり割り切った気持ちで、後は仕事なり社会貢献活動なりに打ち込めるかというと、そうはいかない。

彼女たちには、さまざまなプレッシャー、ハラスメントが外から押し寄せる。

また、彼女たち自身も「これでいいのだ」となかなか割り切ることができず、内面にも葛藤が生じる。

ただこれまでは、「ノンママね。へー、よくわからないけれど、自分で決めたなら後はお好きに」と言われれば、彼女たちはそれ以上、自分の苦しみや迷いを口にすることはできなかった。また、「まだ38歳だから、もしかすると42歳くらいでママになるかもしれないし」という〝一縷《いちる》の望み〟を持つ女性は、「私は生涯、子どもを産まないノンママです！」と宣言するのをためらってきた。

しかし、先述したように、晩婚、非婚女性が一定の割合を占める男女雇用機会均等法第一世代がもう50代の大台。「さすがに今後、ママになることはないだろう」と、高らかにではなくて小声ではあっても、「ノンママ宣言」できる、もしくは、しなくてはならなくなったのである。

そして、その宣言をした彼女たちは、「いまだから言うけれど、私たちだって決して好きでノンママになったわけじゃないよね」「ノンママは職場や地域でいろいろつらい目にあうこともあるよね」とこれまで胸に秘めていたことを語り出すようになった。

彼女たちは、どうやって毎日を送っているのだろう。多数派を占めるママたち、とりわけワーママたちとのあいだに葛藤や衝突はないのだろうか。

本書では、私自身の、ノンママのひとりとして生きてきた人生を振り返り、これからの人生に思いをはせつつ、これまで明らかにされてこなかったノンママ事情やその本音、さらに社会的背景についても考えていきたいと思っている。

第2章

「私はノンママ」、それぞれの事情

こんなにがんばってきたのに、なんで？

最近の日本のいちばんの問題と言えば、やはり少子化。そう思っている人も少なくないだろう。

なぜ少子化が止まらないのか。それは、女性が出産しないから。議論は、そこで止まっている。「出産しない女性」が増えているから子どもの数が減っているのは事実だが、その「出産しない女性」にはいろいろな背景があるということにまでは、なかなか議論が進まない。

「出産しない女性」の中にはもちろん、積極的に「子どものいない人生」を選択している人もいるだろう。その中にも、「結婚もしない」という人と、「結婚はするけれど子どもは持たない」という人とがいる。彼女たちの多くは、「子どもがきらい」「子育てなんて面倒くさい」からそうしたわけではなく、真剣に自分の人生に向き合った結果、「私の使命は母親になることではない」という答えにたどり着いたのではないか。

表向きには、結婚や出産は強制ではなく、本人の人生の選択のひとつだと教えられる。

いまは小学校や中学校でも〝フリーターにならないためのキャリア教育〟が行われつつある。そこで「私、おとなになったら証券アナリストになりたい！」と言い出す女子児童がいても、教師は「そんな仕事についたら子どもを産めなくなるからやめなさい」とは言わず、「夢に向かってがんばりましょう」と励ますだろう。

そこで「証券アナリスト」を選択するということは、結婚や出産を選択しないことを含んでいるかもしれないのに、その時点ではおとなは、「よい選択ですね」とそれを評価するのだ。それなのに、いざ夢をかなえて証券アナリストになったら、今度は「結婚、出産は？　日本の少子化は深刻なのに」と言われたら、まじめな女性たちは「話が違う」と言いたいことだろう。

２００３年、森元首相が少子化問題討論会で、「言いにくいことだけど、少子化のいま議論だから言いますが、子どもをたくさんつくった女性が将来、国がご苦労さまでしたといって面倒をみるっちゅうのが本来の福祉です」と切り出し、「ところが、子どももひとりもつくらない女性が、好き勝手とは言っちゃいかんけど、まさに自由を謳歌して楽しんで、年とって税金で面倒みなさいちゅうのは、本当はおかしい」と述べて問題となったが、結局、森元首相は議員辞職までには至らなかった。

森元首相の言い方によれば、まじめな女性が子どもを育て、好き勝手したい女性がそうしなかった、ということになるが、それが正しくないことは明らかだ。「自分の子どもより、多くの子どもたちのために時間を使いたい」と出産を選ばずにがんばってきた女性教員などは、この言葉を聞いて本当にがっかりしたのではないだろうか。

出産しなかった、できなかった……

また、「出産しない女性」には、「出産以前に恋愛や結婚の機会がない女性」もかなりの割合で含まれていると思う。

「不妊症で治療中の女性は最近、世間から同情してもらえるけれど、ずっとシングルの私は自分が不妊症かどうかさえわからず、〝産まない女〟として冷たい目で見られるだけです」と診察室でため息をついた40代のシングル女性がいた。結婚できるなら出産できるならしたかった。でも、そのチャンスは私には訪れなかった……。そういう女性も、いまだに少なくないのだ。

そしてもちろん、「出産しない女性」の中には、さまざまな身体的、心理的、経済的事情で「出産できない女性」たちも多い。理由や事情があって出産できないというのは、決して喜ばしいことではないが、ある意味で仕方ないこととも言える。ここで「仕方ない」というのは、出産に限ったことではなく、人生には望んでもかなわないこと、思うようにいかないことも往々にしてある、ということだ。

「子どもをあきらめる」ことが、むずかしい時代

ところが、生殖医療の発達により、生物学的事由で妊娠、出産がかなわない人たちにとって、「仕方ない」の範囲がかなり狭まってきた。

なかなか妊娠しにくくても顕微授精、人工授精、体外受精を行えば可能、40代後半の高齢出産も可能、凍結卵子を使えばさらに高齢でも可能、子宮がなければ代理母出産が可能、卵子や精子に問題があれば提供生殖細胞を使うことも可能……。法的にはまだ認められていないものもあるが、「可能」の項目はどんどん増えつつある。

「可能」の項目の増加で、子どもが得られて喜ぶ人が増えたのと同時に、「子どもがほしかったけれど、まあ、仕方ないか」と納得することができない人も増えた。

ここで「仕方ないか」と早々にあきらめる人は、「やればできるのに、努力を怠った人」「生殖医療にかかるお金がもったいないのでチャレンジしなかった人」ということになってしまう。たとえ、まわりからそう言われなくても、まじめな人であれば、「不妊を乗り越え46歳で感動の出産!」といったドキュメンタリーをテレビで目にするたびに、「私だってできたかもしれないのに」と自分を責めてしまうだろう。

また、生殖医療はまだ手探りの状態で、倫理的な問題もあれば、医学的な安全性が十分に確立していない面もある。不妊治療に携わる友人の婦人科医がこんなことをそっと教えてくれた。

「ウチの病院の体外受精の場合、夫の精子は試験管に入れて妻に持ち込んでもらうんだけど、その精子が本当に夫のものか、確認しているわけじゃないんだよ。もしかしたら、夫のじゃないのかもしれないし……。

ほかのクリニックでは、冷凍保存してあった夫の精子を使って体外受精を行って妊娠に成功した後、その夫はすでにこの世の人じゃないことがわかったんだって。死んだ人との子どもを産む、ってことだよね。

生殖医療は、あくまで本人の自己責任で行われるし、基本的には自費診療だから、こっちも多くを聞かずに黙々と〝作業〟を行うんだけどね……」

すべての不妊治療クリニックがそうだとは言わないが、こんなギリギリの綱わたり状態で医療を行っているところもあるのだ。


では、「何となく子どもに恵まれなくて」という説明が通用しにくくなっている状況の中で、「子どもがいない」のは、いったいどうしてなのか。この先は「私自身になぜ子どもがいないのか」という問題も引き合いに出しつつ、それぞれの理由ごとに分けて考えてみよう。

理由その1「仕事を優先してきたから」

まずは「仕事を優先してきたから」という理由について考えたい。

いくらかつてに比べれば産みやすくなったとはいえ、いまだに女性たちにとっては、「仕事か出産か」が相変わらず「ふたつにひとつ」の選択肢に見えているのも事実である。

「M字カーブ」という言葉を聞いたことがあるだろうか。

これは、「日本の女性と仕事」を語るときに必ずと言ってよいほど出てくる折れ線グラフのことだ。そのグラフがちょうど「M」の字の形をしているので、「M字カーブ」と呼ばれる。

では、いったい何のグラフがM字を描いているのか。それは、15歳以上の女性における「人口に占める労働力人口（就業者＋働きたいのに失業している者）の割合」「労働力率」と呼ばれる数値だ。

平成24（2012）年で見ると、10代から20代にかけて学校を卒業した女性たちの「労働力率」、つまり仕事につく人の割合はどんどん高くなり、25歳から29歳で77・6％とピークに達する。

しかし、その後、数値は下降に転じ、35歳から39歳で67・7％まで下がってから、また再びゆるやかに上昇し出す。内閣府男女共同参画局はこれを女性のうち「結婚・出産期に当たる年代に一旦低下し、育児が落ち着いた時期に再び上昇する」と分析している。

「まあ、出産の時期に女性がいったん仕事を離れるのは仕方ない」と思う人も少なくないかもしれないが、実はこういった女性の「M字カーブ」が見られるのは、先進国では日本と韓国だけだ。

アメリカ、スウェーデンでは、１９８０年代には、逆に30代にいちばん労働力率が高くなる、台形型の「逆U字カーブ」を示していた。イギリスやドイツでは、１９９０年代初頭までは「M字カーブ」が見られたが、２０００年代には完全に、「逆U字カーブ」が見られるようになった。

出産や育児のあいだは仕事から離れて、子育てがひと段落した時点でまた仕事を探す、というのは、いまでは世界の中で日本と韓国の女性だけに独特のライフスタイルだとも言える。

「M字カーブ」の右側問題

「それでもまた仕事に戻るならいいじゃないか」と思う人もいるだろうが、ここにはさらにいろいろな問題がひそんでいる。「M字」の右側部分、つまり「育児がひと段落した後の再就労」は、左側の「結婚・出産前の就労」とは大きく違う。

学校を卒業してからの就職では正規雇用を望む人が圧倒的に多いのだが、「アフター子育て」の就労は、派遣社員、パートタイマーなどの非正規雇用が多くなる。しかも、本人が「仕事に多くを割きたくない」と望んでパートタイマーになるのならまだよいが、「本当は正社員がいいんだけど、これしかなくて」という人も少なくないと言われる。言うまでもなく、非正規雇用は、低賃金、社会保険ナシ、いつ解雇されるかわからない、などさまざまな面で条件の悪い働き方だ。

また、「M字の左」の就労は資格を生かした仕事や専門職だったという女性たちも、「M字の右」では一般職につくことも多い。2016年になって保育士不足が社会問題になったが、私の患者さんの中にも、保育士の資格を持ち、結婚前は保育園で働いていたにもかかわらず、出産して退職した後、「保育士と子育ては両立しない」と、スーパーマーケットの商品整理の仕事についた女性がいた。

しかし彼女は、「この仕事でいいのか」という葛藤に苦しむようになり、うつ状態に陥っていった。「がんばって保育士としてカムバックしたらどうですか」とすすめたのだが、「とてもその自信はない。わが子の子育てすらうまくできないのに、それに加えて保育園でよそさまの子どもを預かるなんて」となかなか踏み出すことができなかった。彼女が言うには、保育園には「子育て中の保育士へのサポート」はほとんどない、ということであった。

◯「ワーク・ライフ・バランス」なんてきれいごと?

いま日本では、少子高齢化の進行によって、「働ける年代の人たちが減っていく」という深刻な問題が起きつつある。それを防ぐためにも、またもちろん女性自身が仕事を離れることによって生きがいを失ったり、不本意な再就職で先ほどの「保育士を辞めた女性」のようなメンタル不調に陥ったりしないためにも、政府は「M字カーブ」を解消させようと、左側、すなわちいったん正社員となった女性たちが出産や育児をきっかけに仕事を離れなくてもすむ仕組みをつくりたい、と必死になっている。

そのためにいろいろな対策が講じられているが、まとめて「ワーク・ライフ・バランス政策」と呼ばれる。ここで言う「ワーク・ライフ・バランス」をそのまま訳せば「仕事と生活の調和」となるが、「政府広報オンライン」にはこうある。

働くすべての方々が、「仕事」と育児や介護、趣味や学習、休養、地域活動といった「仕事以外の生活」との調和をとり、その両方を充実させる働き方・生き方のことです。

しかし、現実の社会では、「安定した仕事に就けず、経済的に自立できない」、「仕事に追われ、心身の疲労から健康を害しかねない」、「仕事と、子育てや親の介護との両立が難しい」などの理由で、多くの方がワーク・ライフ・バランスを実現できていません。

「ワーク・ライフ・バランス政策」は政府主導ではあるが、地方自治体、公共団体、企業もそれに歩調を合わせることが求められている。

たしかに企業でも、新卒で採用してそれなりにお金と人手をかけて教育した女性社員が、やっと一人前になった時点で「妊娠したので」と退職されてしまっては大きな痛手になる。そのためには多少の便宜をはかったとしても、女性社員が結婚や出産で退職しないで仕事を続けてくれることが望ましいのは言うまでもない。

対策の中には、企業が育児休暇などをきちんと保障することや保育園などの充実と並んで、「男は仕事、女は育児」といった従来の考え方を変えて、男性も子育てにおおいに参加し、「働く妻」をサポートするように、といういわゆる〝イクメン〟育成なども含まれている。

これから10年後、20年後には、日本でも「子どもがいても働きたい女性は働き続けられる」という社会になり、「逆U字カーブ」が実現される日も来るかもしれない。

◯「仕事も育児も私らしく」と言えるのは恵まれた人

とはいえ、現時点ではまだまだ、「子どもを持つと働くのはむずかしい」という雰囲気や仕組みが続いていることもたしかだ。

さらに、後であらためて述べるが、現政権は育児や介護をなるべく「家族」で担ってほしい、と考えているようにもみえる。そうなると、いくら表立っては「ワーク・ライフ・バランス社会の実現で女性も仕事を続けましょう」と言っても、実際には「誰も育児や介護を担ってくれないし、私が退職するしかない」という状況に追い込まれる女性が減るとは考えにくい。

しかも、現時点でワーク・ライフ・バランスの考え方や制度を率先して導入しようしているのは、官庁、大企業、病院、教育機関など、どちらかと言えば意識が高く、進歩的な考え方の人たちが多くいそうな組織が中心となっている。中小企業や小売店などでは、経営者から「子どもができたら残業したくない？　そういう人には辞めてもらわなきゃね」などとはっきり言われている女性たちも、まだまだ少なくないのだ。

そんな現状では、「子どもができたから退職」という女性と同様、それ以前に「仕事ができなくなったら困るから、子どもを持つことはまだ考えられない」と結婚、妊娠、出産をためらう女性たちが減らないのも、ごく当然のことと言える。

「仕事も育児もどちらも実現してイキイキ自分らしく輝いて生きる！」などと言えるのは、正直、まだごく一部の女性だ。多くの女性たちは、いまだに「仕事か子どもか」という選択肢を突きつけられている。

「仕事より結婚、出産」と言えちゃう、いまどき20代

ただそれでも、「これでは労働力人口も減り、少子化も進み、といずれにしてもまずい」と対策に乗り出す企業が増え、以前に比べれば、確実に女性が結婚、出産を選びやすい環境、あるいは選びたくなる環境は整ってきていると思う。

地域と大学との共生を考える、といったテーマのシンポジウムの席上、学生代表として壇上に座る女子学生に司会者が「10年後、あなたはどうなっていたいですか」と尋ねたら、彼女はにっこり微笑んで「かっこいいママになっていたいです」と答えた。

以前なら、テーマに即して、「地域に貢献する人材になりたい」とか「国際的に活躍しつつ、地域への目配りも忘れずにいたい」とか、とにかく仕事に絡めた将来ビジョンを語ったのではないだろうか。

実際には出産、育児を選択した女性たちが、その後、子どもや子育てのストレスや仕事とのバランスに悩んだりする人も多い、という話は、先ほどしたばかりだ。とはいえ、少なくとも世間全体あるいはシングルの女性にとって、「仕事よりもまずは結婚、出産」という道を選ぶのは、いまやまったくネガティブなことではなくなっているのだ。

しかし、いま40代、50代の女性たちが若かった頃はそうではなかった。「仕事」と「結婚や出産」は二者択一であったのだ。

前の章でも述べたように、男女雇用機会均等法が施行された1986年に社会人となった私が若かった頃は、大学を出て仕事についた女性が20代で結婚を考えるのはある意味でタブーであった。私自身、男友だちがいるだけで、両親や先輩から「まさか結婚なんか考えているわけではないでしょうね。やっと仕事についたばかりなんだから、まずはそっちに身を入れなさい」と幾度となく言われ、自分でもその通りだと思った。

これはとくに私のまわりに無理解なおとなが多かった、ということではなく、いま考えると冗談のようであるが、当時は「結婚、出産は当分はいたしません」と〝宣誓書〟のような文書にサインしないと採用してくれない、という企業さえあったのだ。それに比べるといまは、「働く女性が出産し育児をすること」をめぐるイメージが大きくプラスの方向に転換したと言えるのはたしかだ。

仕事に夢中で46歳になってしまったマナミさん

ここで診察室で出会った、ある「仕事優先で産まなかった女性」のケースを紹介したい。

46歳のマナミさんは、夫とカフェを経営していた。

32歳で結婚した夫と念願の店を開いたのが、36歳のとき。いま10年目だが、夫は飲食担当、妻は経営担当と役割分担ができており、マナミさんは夜間の経営セミナーに通ったりホームページをリニューアルしたり、と忙しい毎日だった。

マナミさんの両親ばかりか夫の両親までが、「あなたには起業の才能があるね」と活躍をおおいに評価してくれていた。「子どものことはとりあえず考えずに、まずはお店を」という方針で走ってきたマナミさん夫婦を、お互いの両親も理解してくれているようだった。

「このへんで一気に経営を軌道に乗せなければ」と張り切っているマナミさんは、店のPRの目的で久しぶりに中学の同窓会に出席することにした。「いいなあ、30代で自分のお店を持つなんて」と羨望のまなざしを浴びちゃうかも、と期待したマナミさんだったが、そんなことにはならなかった。近況報告タイムに、ほとんどの同級生たちは、中学生や高校生になった〝わが子自慢〟をしたのだ。

マナミさんは中学時代、「数学の得意な子」として知られていた。担任の先生にも「将来は理科系に進んだら？」と言われていたが、家の事情もあり、高校を出てからビジネス専門学校に進学した。中学時代、数学のライバルと言われていた女子は、大学の薬学部に進んだ、と聞いた。それを聞いてちょっと悔しさを感じたマナミさんだったが、自分の店を持ったいまなら、彼女とも堂々と話ができそうだ。そう思って、同窓会の席でも話しかけ、自分の近況を語った。すると彼女は、こう言ったのだ。

「そうなんだ。夫婦でカフェかあ、けっこうたいへんじゃない？　私、ストレスが苦手だから、仕事を通して知り合った歯医者と結婚して、もう仕事は辞めちゃったの。３人の子育てとダンナの世話で手いっぱいよ」

大学には行けなかったけれど、「やっぱり、マナミは理数系だったんだね。だから経営の手腕があるわけだ。マナミにはかなわないよ」とライバルや友だちを感心させたくて、ここまでがんばってきたのに……。子どものことは考えずに、仕事に熱中してきた私の人生は、失敗だったの……？

同窓会の会場から出るマナミさんの足取りは、来たときとは打って変わって、重いものだった。

この後、マナミさんは激しい罪悪感、虚脱感から立ち直れず、診察室にやってきたのだった。まさに「ノンママうつ」の状態であった。

ここで私自身のことを振り返ってみよう。40歳時点どころか50歳時点でも出産経験のなかった私（２０１６年7月で56歳）の場合、あえて理由をひとつ選べと言われれば、とりあえず「仕事優先」ということになるかもしれない。

私の場合もマナミさんと同じように、「仕事に夢中で打ち込んでいるうちに子どもを持たない40代に」ということなのだろうか。それは少し違うように思うのだ。

では、なぜか。そこにはやはり「時代の影響」が大きかったように思う。

理由その2「時代に流されたから」

ここでは「時代に流されたから」という理由について考えたい。

それほど仕事熱心だったというわけではなかった私までが、何となく「結婚、出産より仕事」と思っていた。それは、やや大雑把な言い方になってしまうが、「時代のムードに流された」ということではないか。１９６０年生まれの私がちょうど20代から30代だった１９８０年から90年にかけては、世をあげて「女性も仕事を優先したほうがよい」という空気がつくり出されていた。

いまや知らない人はいないと思うが、日本には「男女雇用機会均等法」という法律がある。言うまでもなく、これは「雇用における男女の均等な機会と待遇の確保」を目的とされた法律だ。

この法律を解説した厚生労働省のホームページのＱ＆Ａには、こんな事例があげられている。

問（女性労働者からの質問）：採用面接で、「子どもが生まれたらどうするのか」と聞かれました。これは性差別ではないでしょうか。

答 女性に対し、男性には聞かない質問をするなど、男女で異なる採用選考をすることは均等法に違反します。

また、「女性には大変な仕事なので採用は難しい」「女性の採用は終わりました」などの発言があった場合も均等法に違反する募集・採用が行われている可能性がありますので、ぜひ雇用均等室へご相談ください。

採用段階で女性の応募者に男性にはしない質問をするだけで、法律に抵触したことになるのだ。

通称「雇均法」と呼ばれるこの法律が制定されたのは1985年、施行は86年の4月だ。私事になるが、私が医師国家試験に合格して研修医になったのはまさに86年春。1浪して6年制の医学部を出たので、4年制卒より年齢はやや上だが、私も「雇均法第一世代」なのだ。

「結婚しません」と誓って採用してもらった時代

ところが私が学生の時代には、まだ「採用時の差別的な質問」は日常茶飯事で、外科など診療科目によっては〝女性拒否〟を明言するところもあった。

「研修医生活は厳しいよ。オンナのあなたに当直や長時間の手術なんてできるの？　結婚してもダンナの世話ができないんじゃ、ヨメのもらい手もないよ」

「研修医を仕込むのはたいへんなんだよ。4年も5年もかかってやっと半人前になったかと思うと、すぐに結婚だ、出産だと休んだり辞めたりされると、こっちも困るんだよね。かと言って一生結婚しません、なんてオンナも怖いし」

いま思うとセクハラというより、ほとんど悪質なセクシズム（性差別主義）としか思えない発言だが、当時は教授や医局長にそう言われながらも、女子医学生たちは「当面は結婚しません。そこをなんとかお願いします」と頭を下げて、志望する科への所属を認められたり、泣く泣くあきらめたりしていたのだ。いま60代、70代で、「女性外科医の草分け」などと言われている先輩たちは、どんなに苦労したことだろう。

私は当初から精神科志望で、研修医として採用してもらった大学の教授は男性だったが、「患者さんの半分は女性なのだし、女性の先生もおおいに歓迎」という方針だった。だから、「女だから」ということに伴う悩みを経験することもなく、医者として生活をスタートさせることができた。それは幸運だったのだが、「女の壁」があることがわかったのは、病院で働き始めてしばらくたってからであった。

年配の看護師たちの中に「オンナの先生は頼りにならない」と考えている人がいて、ちょっとしたミスでも「だから女医さんはねえ……」と皮肉を言われるようなことがあったのだ。たしかに当時はまだ、「医師から看護師へ」という指示の流れがしっかりあり、ベテラン看護師にしてみれば、経験も知識もない同性の医者から「これやっといてください」「このやり方では困ります」などと〝上から目線〟で言われるのはたまらない、という思いがあったのだろう。

一方、「看護の自立」という教育を受けている若手の看護師たちは、医者の指示にも違うときは違う、とはっきり意見を言った。だからお互いに遠慮も、男だ女だと意識することもなく、「先生、この方針、納得いかないいな」「そう？ でも、この場合は薬物療法は必要でしょ。だって……」と風通しよくディスカッションすることができた。やや大げさな言い方をすれば、職種、性別に関係なく誰もが対等な関係で仕事をする、アメリカのドラマ『ER緊急救命室』の世界だ。

「雇均法第一世代」それぞれの選択

その雇均法の施行から、すでに30年が経過した。医療の世界では、いまや心臓外科でも整形外科でも「やる気のある研修医はなぜか女性ばかり」と言われる時代になった。もちろん、医学部教授、大病院院長などの要職につく女性の割合はまだまだ少ないが、少なくとも採用の段階で「オンナはちょっと……」と毛嫌いされる時代は、名実ともに終わりつつあると言ってよいだろう。

ただ、私はその時代の空気にどっぷりつかってしまい、「子どものことなんて考えずに、仕事に邁進します!」という最初の勢いのまま30代に突入し、あれよあれよという間に出産リミットの40歳を迎えてしまったのだ。

もちろん、それは一種の言い訳で、いくら教授に「結婚や出産よりも仕事を優先します」と約束したからとはいえ、契約などを交わしたわけではない。同じ年に医師になった同期生の女性医師たちも、次々に「実は……結婚するんです。彼が留学するので、私もついて行きます」「妊娠して来年、出産することになったので、2年間は育児休暇を取ることにします」と職場を去っていった。

さすがにそこで、「就職するときにしばらく結婚は考えない、と言ったじゃないか！」などととがめる人はおらず、その結婚や妊娠は少なくとも表面上は「おめでとう」と祝福された。

だから、本当に子どもがほしいと思っていたなら、私がいくら雇用機会均等法第一世代だったとしても、それに踏み切ったに違いない。そこで、「仕事がありますから」と言いながら妊娠、出産を回避してきたのは、実は「そうしたくなかったから」というのが本当の理由だったような気もする。

そのあたりは次の項目で述べてみたい。

理由その3「子どもを愛せないかもしれないから」

何年か前に、シングルだったり結婚していても子どもがいなかったりする女友だち5人ほどで会食したときのことだ。いきさつは忘れたが、話題が「小学校の卒業文集」のことになった。

こういった文集には必ず、「将来の夢」「おとなになったとき何になりたいか」という項目があるが、そこにいた中で誰ひとりとして、「お嫁さん」「お母さん」と書いた人がいないということがわかったのだ。「パン屋さん」と具体的な職業名を書いた人もいれば、「外国で暮らしたい」とライフスタイルについて書いたという人もいた。ちなみに私は、「山田長政のような貿易商人」と書いたのを覚えている。つまり、子ども時代に「おとなになったら子どもがほしい」と思わなかった人は、高い確率でノンママになるのである。

エッセイスト・酒井順子さんの『少子』（講談社、2000年）は、著者自身の経験も交えながら少子化が進む背景を分析した名著だ。その中に「愛せないかもしれないから」という章があり、こんなことが書かれている。

「子が欲しい」という欲求は、「ごはんを食べたい」とか「眠りたい」と同様、生理的なもの。そこに理屈はいりません。しかし「子が欲しくない」と思うためには、

様々な理屈をこねくり回さなければならない。実際、「あなたもいつかは子供が欲しいんでしょ？」との問いに「否」と返せば、

「えっ、どうして欲しくないの？」

という無邪気な質問が、こちらには返ってくるのです。

（中略）子供は可愛いと思います。（中略）しかしよく考えてみるとそれは、スヌーピーって可愛い、と思うのと同程度の感情なのでした。可愛がりたい時に取り出してイイコイイコしたい、くらいのもの。


酒井さんには、もともと「著しく女性っぽい行動や状況」に対して生理的な嫌悪感を持ってしまう傾向があるそうで、「女性が化粧する姿」「女性が髪をブローする姿」と同じように、「お腹の大きい妊婦」にも違和感を覚えてしまうそうだ。

このように、子どもや妊婦に対して理屈抜きで「かわいい！」「幸せそう！」と思えない、ということを酒井さんは長いページを割いて説明している。まさに「子どもや妊婦はちょっと……」と言うためには、「様々な理屈をこねくり回さなければならない」のだろう。

○「精神科医ですが子どもは苦手です」

実は、私も酒井さんと同じなのだ。というより、もっと積極的に「子どもは苦手」と言ってもよいかもしれない。これも本当は、「どうも感覚的に子どもが苦手で」と言ってしまえばそれまでなのだが、やはりその理由をもう少し説明しなければ、「精神科医なのに人間、それもいちばんかわいいはずの子どもを愛せないというのは問題ではないか」と批判されそうな気がする。自分なりに思いつく理由をふたつ説明してみよう。

ひとつは、実家の職業との関係だ。私の亡くなった父親は、私が小学1年のときに自宅で産婦人科医院を開業した。田舎の小さな病院であったが、多いときは20人くらいの患者さんが入院していた。ほとんどの人の入院の目的は、出産であった。だから、自宅に隣接した病棟からはいつも新生児の泣き声がしていた。

父はどこか素直ではない人で、医療という仕事をこなす自分自身をいつもどこか冷めた目で見ていた。私から見ると十分に熱意ある医者だったのだが、そう見られることをテレくさく思っていたのだろう。

病院から渡り廊下を経て自宅に戻ってきた父に、母が「今日はお産が3件ですか？　お疲れさま。ベビーちゃんが増えましたね」などと声をかけても、「まあね。疲れたな」などと言って、自分の好きな本などを読み始める。

子どもだった私はそういう父親の姿を見ているうちに、「出産って何だかつまらないことなんじゃないか。赤ちゃんなんてかわいいものではないのではないか」と思うようになっていった。わかりやすく言うと、出産や赤ちゃんにロマンを抱けなくなったのだ。

もちろん、自分に子どもがいないのを父親のせいにすると叱られそうだが、あそこでもっと、「いやあ、今日の出産は感動的だった。病気を乗り越えてわが子を胸に抱いた女性も、それを見守る夫も涙、涙だったよ」などと言ってくれたら、「よし、私もいつかその日を」と思えたかもしれない。

それから、もうひとつの理由は、私自身にある。私は学生時代、いろいろなコンプレックスや挫折体験を引きずっていて、「明るい人」「強い人」「自信たっぷりの人」がとても苦手だったのだ。友だちになるのも、いつも屈折した人やどこか世をすねた人ばかりであった。

そんな私にとっては、純粋で無垢でエネルギーにあふれた赤ちゃんや子どもは、「見ているだけでまぶしすぎる存在」だった。「こんな私には、元気な子どもを持つことなんて申し訳なさすぎてできない」という心境だったのである。

このことを誤解なく伝えられるかどうか心配だが、私にとっては、元気いっぱいの子どもよりも、心やからだの病などを抱えた子どものほうがずっと接しやすい存在であった。

私は、医大の4年生頃までは「小児外科医になりたい」と本気で思っていて、小児医療センターに実習に行ったこともあったのだ。ところが、致命的な欠点が自分に見つかった。手先が不器用すぎて、小さな子どものからだに外科的治療をすることなどとてもできない、ということがわかったのだ。私は小児外科医の道を泣く泣くあきらめ、精神科を選ぶことにしたのである。

このふたつの自己分析が正しいかどうかは別にして、とにかく私は子どもがあまり得意ではない。というより、苦手なのである。さすがに自分でも、「これは人間としていかがなものか」とは思うが、残念ながらどうも否定できない事実のようなのである。

理由その4「動物のほうが好きだから」

「あんなにかわいい赤ちゃんが苦手だなんて」と子どもを持つ弟夫婦から眉をひそめられる私であるが、実は動物は大好きだ。路上でイヌ連れの人がいると、自然に近づいて「かわいいですね？　マルチーズですか？」などと話しかけて、友人から「やめなよ」とたしなめられたりする。

ネコを保護する活動をする人から次々、譲り受けたネコが、自宅にはすでに6匹もいる。なぜ、赤ちゃんや子どもは苦手なのに、イヌやネコはそこまで好きなのか。

その理由はともかく、世の中には「実は私も」という人は意外に多いのではないだろうか。

ペット関連産業のCMに必ずと言ってよいほど登場するフレーズに、「ペットは大切な家族」というのがある。「家族」だと見なした時点でそれは「ペット」ではなくなるはずなので、「ペットは家族」という言い方じたいに矛盾があると思うのだが、誰も気にしていない。

おそらく現代の人たちにとっては、「ペット」というのは「長男」とか「末っ子」と同じような、家族の構成員を指すもののひとつなのだろう。

いまのところはまだ、職場などに提出する履歴書の「家族構成」の欄にイヌやネコを記載した、という話は聞かないが、これからそういう人も出てくるのかもしれない。航空会社の「ペットお預けサービス」のカウンターで、「ウチの子を貨物扱いするとは何ごとだ！」と怒る人は、すでに存在するようだ。

このようにペットを「家族」と言い、「ウチのイヌ」を「ウチの子」と言うようになった背景には、日本で進行しつつある少子化が一役買っているのは、間違いないだろう。

昔は、一家に子どもが5人も6人もおり、ペットなど飼う余裕はないか、イヌなどがいたとしても庭や玄関先などの屋外で飼育されていた。

子育てに追われて動物を飼うことなどとても考えられない、という家庭でも、子どもが小学生くらいになると「イヌを飼いたい」と言い出したり、ネコを拾ってきたりするようになる。母親は「あなたたちが責任を持って世話するのよ。結局は私が食事も散歩も、なんていうのはイヤですからね」などと言いながら、渋々、飼うのを許可する……。こういうパターンが一般的だったのではないか。つまり、ペットはその家庭の子どもの希望で飼われることが多かったのだ。

ところがいまは、そもそも子どもの数じたいが少ないので、ペットは最初からその家で飼われていることが多い。

よくペット雑誌の相談コーナーにも、「ネコを飼っていましたが、今度、赤ちゃんが生まれることになりました。仲良くできるでしょうか」といった相談が寄せられている。「子どもに危害を加えないでしょうか」ではなくて、あくまで「仲良くできるでしょうか」とペットと子どもが同列に扱われている。内容としては、「子ネコをもらうことになりましたが、先住ネコとうまくいくでしょうか」というのと変わらない。

あるいは、子どもがおらずに自分とペット、あるいは夫婦とペットだけ、というケースも少なくない。無類のペット好きとして知られる作家たちの中でも、江藤淳氏や町田康氏の家庭には子どもはいない。江藤氏はエッセイ集『犬と私』（三月書房、1999年）の中で、「犬を飼っているということは、二人女房を持っているようなものだ。これは妻妾同居という意味ではなくて、まったく同じ女房が二人いるという意味である」とまで言っている。配偶者と同等なのだから、とても子どもどころではない、というところなのだろう。

少子化が進むほどペットブームは過熱

もちろん、現在、子どももいるがイヌやネコも好き、という人もいる。作家の柳美里氏や吉本ばなな氏などがそうだが、いずれも子どもはひとりである。

4人の子どもがおり『私たちは繁殖している』という出産・育児本シリーズもある内田春菊氏、ふたりの子どもとの生活を描いた漫画『毎日かあさん』の西原理恵子氏の家庭には、イヌやネコはいないようである。

最近、イヌに「完全にはまった」とエッセイで書いている教育学者・齋藤孝氏の家庭には、子どもがふたりいるようだ。

親ばかとは自分のことを言うのだろう。自慢ではないが、妻もふたりの息子も相当の親ばかである。だがそれも仕方のないこと。揃いも揃って親ばかになる程、我が家の姫君はかわいいのである。

姫の名はヌーピーちゃん。通称ヌピちゃん、パピヨンのメス、三歳。

（「犬と私たちの10の約束」『文藝春秋』２００７年12月号）

日本語の達人として知られる齋藤氏であるが、「読者の方々は、親ばかの話を聞かされてもうんざりなさるだけでしょうが、他にお話しすることがない。かわいい、という話以外はないのである」とあっさり言い切っている。ネコ好きの漫画家・桜沢エリカ氏も「子どもがふたり」であるが、『シッポがともだち』というネコ漫画はいつのまにか子育て漫画に変わった。

そう考えると、熱狂的なイヌ、ネコ好きの多くは「子どもがゼロかひとり」、「子どもがふたり」が分水嶺で、「子どもが３人以上」には「何よりもイヌ、ネコ」という人はほとんどいない。もちろん例外はあるにせよ、こんな法則がみえてくる。だとすれば、少子化が進行すればするほど、ペットブームが過熱するのも当然と言えるだろう。

自分の場合はどうかと言えば、私の実家は私と弟が子どもだった頃から、イヌや鳥、リスなど多数の動物を飼っていた。ただしそれは先ほど記した通り、あくまで「家族」よりは一段落ちる、「ペット」という扱いで、食事や寝室も別であった。また、少なくとも名目上は、「子どもたちが飼いたがるものだから」という理由で飼育されていた。

のちに実家の両親がイヌに対して並々ならぬ愛情を注ぐようになり、そこからいろいろな問題も派生したのだが、そのような事態が進行したのは、やはり私たち姉弟が独立した後だったように思う。

だとすると、ペットブームの背景には、少子化だけではなく、核家族化の進行による高齢夫婦あるいは高齢者単身の世帯の増加も関係しているということになる。『ハラスのいた日々』の中野孝次氏の家庭も、イヌを飼い出したのは子どもたちが独立して、再び夫婦ふたりきりの生活を始めてからのようだ。

ペットが非婚・少子化の原因だった?

では、このペットブームは少子化の結果なのだろうか。それとももしかすると、「イヌやネコがいるから、もう夫（妻）や子どもはいらない」と非婚化、少子化の原因になっている可能性もあるのだろうか。すぐに答えが出る問題ではないが、少し考えてみたい。

女優の小林聡美氏は、この点についてエッセイ集『ワタシは最高にツイている』（幻冬舎、2007年）の中で微妙な書き方をしている。ネコ3匹、イヌ1匹を飼っている生活について語りながら、こんなことを言っている。

そんな我が家を、「ああ、そんなに犬猫がいたんじゃ、子供もできないわねぇ……」とか、「なんだか家の中、臭そう」とか、親切なかたがいろいろ心配してくださる。実際、結婚九年にして、心配通り子もいないので、彼らがカスガイになっているのは確かだし、多分、家の中はケモノ臭が充満しているに違いない。


この文章をそのまま真実と考えるのには無理があるが、おそらくイヌやネコを「家族」と言ってはばからない多くの単身生活者や夫婦ふたり暮らしの人たちも、この溺愛が自分が直面している非婚化、少子化の原因なのか結果なのか、よくわからない、というところなのではないだろうか。

さて私の場合は、と考えてみても、同じようによくわからない。実家の母親には「そんなにイヌやネコばかり飼っていると、まわりの人たちから〝子どもがいないから、動物を代理にしている哀れなオンナ〟と思われるわよ」とよく脅かされるのだが、自分ではペットで代理満足を得ている、という気持ちはほとんどない。

では、動物に愛情を注ぎすぎたり、そこから得られる反応で満足してしまったりしているから実際の子どものことは真剣に考えなかったのか、と言われると、正直なところこちらは否定できない気がする。

次に述べるように、人間から得られる満足と、動物から得られるそれとでは質が違うはずなのだが、「イヌがこんなにかわいいんだからこれでいいや」などと充足しきってしまい、「何としても早く子どもを持たなくては」と切実な気持ちになることが、ついになかったのだ。

イヌ、ネコがいるとセックスレスになる？

さらに言えば、イヌやネコへの愛情、あるいはそれらから与えられていると思っている愛情は、一般に「無邪気な愛」などと称されており、「性愛」とは対極の性質を持つ、ということとも関係しているとは考えられないだろうか。これも私の場合だけかもしれないが、性別や年齢を感じさせないイヌやネコに同化するようにして遊んだり笑ったりしているうちに、自分から性愛的な要素がどんどん薄れていくのを感じる。

イヌやネコが寝室でいっしょに寝ているためにセックスレス状態、という夫婦の場合、寝室にペットという邪魔者がいるためにセックスレスになっているだけではなく、ペットが夫や妻を心理的に脱性愛化させた結果として、「セックスなどは考えられない。だから寝室にペットがいてもまったくかまわない」ということになっているのではないだろうか。

もちろん、性愛の結果である「子ども」も、いったんできた場合は、それじたいが親を脱性愛化させることがある。診察室でセックスレスの悩みを語る妻や夫の多くは、「子どもが生まれてからそうなった」と語るが、そこにもやはり、子どもの存在が物理的に両親のセックスを妨げているという側面と、未成熟な子どもの存在そのものが親を心理的に脱性愛化しているという側面があるのだと思う。

とはいえ、数字的な根拠があるわけではないが、心理的な脱性愛化を促進する力は、子どもよりもイヌやネコのほうがより強いようにも思うのである。

もしこのように、ペットブームが少子化の結果、起きているのではなくて、一部で少子化の原因になっていると考えられるということが明らかになれば、少子化抑制のためには「ペット飼育禁止」を真剣に講じる必要もあるのかもしれない。しかし、ここまでペット産業が肥大化し、「イヌやネコは大切な家族」という考えも肯定的に受け入れられている現状では、「ペットは少子化の原因」などと発言することさえタブーと見なされるのは間違いない。

理由その5「不妊、セックスレスだから」

私に子どもがいないのは、「時代に流されたから」「仕事を優先しているうちに何となく」「子どもが苦手だったから」というのが本当のところだ、というやや恥ずかしい話を披露した。

しかし、子どもを持たないノンママの中には、「結婚し子どももほしかったのに妊娠ができなかった」という女性もいる。端的に言えば、「不妊」と「セックスレス」だ。

少子化対策が叫ばれ、「働く女性も生活の充実を」とワーク・ライフ・バランスが強調され、さらには雑誌のグラビアで「すてきに子育て中」と紹介される女優なども増えてきて……と、10年前に比べて確実に、女性が結婚、出産を選びやすい環境、あるいは選びたくなる環境は整ってきていると思う。

先にも述べたように、女性が「仕事よりもまずは結婚、出産」という道を選ぶのは、いまやまったくネガティブなことではなくなっている。

ただ、勉強や仕事とは少し違って、結婚も出産も本人の努力だけで成果が出るものではない。最近は、女性が就職活動ならぬ結婚活動、〝婚活〟をして積極的に結婚を決めるべき、と促す声もあるようだが、それにしても男性が「あなたと結婚したい」と同意してくれないことには、何も始まらない。

その〝婚活〟がうまくいって結婚できたとしても、妊娠となるとそこにはさらに努力以外の要素も働く。そこで、「がんばってもなかなか子どもを持てない」と挫折感を抱き、うつ状態に陥る女性が出てくる。

「子どもを持てないこと」の大きな理由のひとつに、夫婦間のセックスレスの問題がある。夫婦関係がないなら当然、妊娠、出産もできないのだから、そんなことで悩む女性はいないだろう、と考えるのは大きな間違いだ。

従来から日本の夫婦は海外のカップルに比べて性交渉の頻度がきわめて低い、という指摘があった。それがここに来て、日本の少子化の原因は晩婚、非婚化だけではなくて実は夫婦のセックスレスもその一因なのではないか、という仮説が厚労省からも出され、大きな話題を呼んでいる。

私が簡単に調査した限り、何らかの問題で診察室にやってくる既婚女性の7割はセックスレス状態だ。中には、結婚以来、性交渉をほとんど持ったことがない、という夫婦もいる。

セックスレスには夫側、妻側、ふたりの関係、とさまざまな要因が関係しているが、ここではそれぞれについて詳しく述べるのは避けておこう。ただ、セックスレスであれば必然的に妊娠することはないので、「セックスレスは平気だが、妊娠できないのは問題」と悩む女性も少なくない。

そういう女性に対しては、まず夫婦間の自然な性交渉ができるようにカウンセリングなどで導いたほうがよいのか、それともセックスレス状態でも妊娠が可能な人工授精などをすすめるべきか、いつも頭を悩ませることになる。

カップルのうち、10組に1組は「不妊」？

さらに、このようにセックスをしていなくて子どもができない、というある意味で物理的な問題のほかに、その面でも努力しているのになかなか妊娠しない、いわゆる不妊という問題も現在、とても深刻なテーマになっている。

日本産婦人科学会の定義では、結婚して正常な性交渉があるのに1年以上、妊娠しない場合を「不妊」と呼ぶが、この場合、「正常な性交渉」がどの程度の頻度を指しているのかははっきりしていない。とにかく女性の排卵日前後数日の妊娠可能期間を含めてそういった行為があるのに、1年以上、妊娠しない場合、それは「不妊」と呼ばれるということのようだ。

実際には不妊のカップルというのは意外に多く、10組に1組の割合という説もある。また女性の年齢が高くなればなるほど妊娠の確率は減るので、晩婚化が進むいまは、不妊カップルの割合はさらに上昇しているという意見もある。

不妊治療で名高い産科はどこもたいへんな混雑で、初診予約をしても数カ月待たされる、毎回の診察は3時間待ち、といった話をよく聞く。医療の世界はいまは全体的に「患者さま本位」とサービス業化しているが、こと不妊外来に関しては、女性たちはひたすら待って名医の診察を受け、クリニックのつくる治療スケジュールにおとなしく従うしかないのである。

診察室で、こんな声を聞いたことがある。

「あの有名な不妊クリニックに通ってたんです。でも、待ち時間があまりに長すぎるし、ロビーは患者があふれ返って座る場所さえなくてパソコンも開けないし、仕事との両立もむずかしくなって、〝何とか予約でお願いできませんか〟と受付の人に聞いてみたんですよ。そうしたら、〝そんなワガママを言うならほかの病院に行っていただいてもいいんですよ〟って……。こっちは弱い立場なんですよね」

やめどきがわからない、不妊治療の深い悩み

このように必死の思いで時間と体力、そしてお金をやり繰りして不妊外来に通い、ホルモン治療などのつらい治療にも耐えて、それでめでたく妊娠となればまだよい。

しかし、もともと何らかの原因があって妊娠しにくいような場合や女性の年齢が高い場合は、いくら人工授精などの措置を講じてもなかなか妊娠に至らない。今度は、40代になって結婚し、「すぐにでも子どもがほしい」と不妊クリニックを訪れて通っている女性が語った言葉を紹介しよう。

「クリニックの先生は毎回、言うんです。〝あなたねー、40過ぎると卵子も劣化するんで

すよ。こういう年齢まで自分中心の生活を送ってきて、もう遅いという時期になってあわてて妊娠を望むあなたみたいな人が多くてねえ〟。私は、これまで遊んでいたり自分勝手にしたりしていたわけじゃなくて、仕事がんばってたから結婚が遅くなったんですよ。それなのに、ひどいですよね。もうあの病院はやめたいけれど、腕はいいという話だからがまんして通っているんです」

この女性は、クリニックの医師からのドクター・ハラスメント、ドクハラと言ってもいいような発言で傷つき、さらには「子どもはまだ?」というお決まりのまわりからの問いかけにも傷つき、さらにはなかなかよい結果も出ないまま莫大な費用がかかり、と何重ものストレスですっかり疲れ切り、うつ状態に陥っていた。そして彼女は、判断力を失いかけた頭で、不妊治療のやめどきについて考え、悩みを深めていた。

「本当はもうやめたいんです。よく考えれば、これから子どもを持つのもたいへんだし、夫とふたりでも楽しく人生を歩む方法はいくらでもあるな、って。でも、もしかすると次の体外受精で妊娠するかも、と思うと、ここでやめるのは惜しい気がして。これまでだいたい200万円くらい使ってきましたが、ここでやめたらそれを全部、捨てることになるでしょう。でも妊娠したらすべて取り戻せる。そう思うと、やめどきがわからなくなってしまうんです」

また、不妊治療のクリニックには、同じ目標を持つ仲間どうしでの励まし合いや助け合いがある一方で、競争意識や嫉妬に基づく嫌がらせなども相当なものだ、という話も聞く。とくにネットが発達している現在、巨大掲示板にクリニック専用のスレッドがあり、そこで患者どうしが情報交換だけではなくて、匿名でお互いを非難したり足を引っ張るような発言をしたりすることもあるのだという。

ただでさえ不妊治療でデリケートな心理状態にある女性が、「あの人って待合室で英字新聞なんて読んで、嫌味だよね」「そんなに仕事が好きなら子どもなんて持たなくてもいいんじゃないの」といった書き込みを見つけて、「これって私のことだろうか」と疑心暗鬼にかられ、次第に気持ちが落ち込んでしまうことも容易に想像がつく。

このように、不妊治療の進歩と普及は多くの女性たちに希望をもたらしたのと同時に、不妊治療によるストレスに苦しむ女性たちも生んでいるのである。

第3章

ノンママ女性への
ハラスメント

◯ノンママたちは傷ついている

〝本当の理由〟はどうであれ、子どものことはとりあえず考えずに、まずは仕事を、とがんばる女性。社会も親も教師たちも、ある時点までは、そんな彼女たちのがんばりを応援する。

ところが、ある年齢に達すると、まわりの反応が変わってくる。

「本当に子どもがいなくて、いいわけ？」

「やっぱり女は、仕事よりも子どもよ」

「子どものいない老後は、いくら成功していてもむなしいよ」

「あなたのような人が増えるから、少子化が進むわけだよね」

そして女性たちは傷つく。

これがノンママ女性たちへのハラスメント、「ノンママ・ハラスメント」だ。

現在、「いろいろな場面での『嫌がらせ、いじめ』」を「ハラスメント」と総称しているが、一般的には「他者に対する発言・行動などが本人の意図には関係なく、相手を不快にさせたり、尊厳を傷つけたり、不利益を与えたり、脅威を与えること」を指している。つまり、「嫌がらせしてやろう」という意図がなくても、場合によってはそれがハラスメントになることがあるのだ。

以下で述べるような理由により、ノンママに対するハラスメントの中には、この「悪意なきハラスメント」が大きな部分を占めている。それは、「子どもを持つことはすばらしい」という価値観があまりにも世間に浸透していること、またノンママ自身もその価値観を否定はしていないので、たとえ相手の言葉で傷ついても「そんな言い方、やめてください」と言い返せないことが理由と考えられる。

この章では、そのように光があたりにくいままであったノンママ・ハラスメントを、あえて掘り起こして述べていきたい。

「子育てはすばらしい」と強調されると……

まずは目に見えるハラスメント。子どものいない女性に対する、言葉や行動によるハラスメントである。

ノンママに対する言葉のハラスメントとしては、次のようなものがある。露骨なものから順にあげてみよう。


「子どもはまだ？」

「子どもを産んで女ははじめて一人前」

「あなたのように子どもを産まない人が日本の少子化を促進させている」

「ご両親もお孫さんを待っているんじゃない？」

「子どもがいないなんてかわいそう」

「子どもがいない人にはわからない」

「子どもがいないのは女性の機能をムダにしている」


これらは相手に「子どもがいない」ことを踏まえて、そのデメリットなどを指摘した言葉だ。中にはもう少しやんわりと「子どもを持つこと」のすばらしさを強調することで、「子どもを持つべきだ」というメッセージを伝えてくる人もいる。

「私も子どもを持ってはじめて人間になった」
「子どもがいなかったら人生の喜びは半分以下だった」
「子どもがいなかったら、と想像するとゾッとする」

もちろん、これらの言葉にはノンママであることを批判する意味はなく、ひとえに「子どもや子育てはすばらしい」と賞賛したいだけなのかもしれない。
しかし、次の項で詳しく説明するように、ノンママはほかの属性とは違い、自分自身でもノンママであることに後ろめたさや後悔を持っていることが少なくない。そういう状況で「子育てこそがすばらしい」と強調されすぎると、それがハラスメントになることもあるのだ。

山口智子さんの発言はなぜ共感を呼んだのか

また、これも判断がむずかしいのだが、ノンママであることをうらやんだり評価したりする発言も時と場合によってはハラスメントになりうる。

「こんな悪い時代、子どもを持たないのは正解ですよ」

「えー、40歳？　子どもがいないときれいですね。ウチの妻とは全然違う。子育てに追われて髪もボサボサで」

「子どもがいないと自分のためにお金や時間を使えますよね、うらやましい」

「いいなあ、ヨーロッパ旅行か。私、旅行が大好きだったのに子どもができてから行けてないんです」

もちろん、これにも何の悪意もないのかもしれないが、こう言われて「いいでしょう」「子どもがいなくて本当によかったです」と答えるノンママはほとんどいないだろう。あるいは、万が一そう答えようものなら、周囲から「この人は子どもを持つことじたいに否定的なのだ」と誤解されかねない。だから、たとえ相手の言葉に傷ついたり不快を感じたりしても、それを表情や言葉には出さずに、「まあ、私も子どもは好きなのですが」「子どもはさぞかわいいでしょうね」などと曖昧な答え方をしなければならないことが多い。

だからこそ、山口智子さんが女性誌『FRaU』（講談社、2016年3月号）で、「血の結びつきを全く信用していない。（中略）私は『子供のいる人生』とは違う人生を歩みたいなと。だからこそ、血の繋がりはなくとも、伴侶という人生のパートナーを強く求めていました」「私はずっと、子供を産んで育てる人生ではない、別の人生を望んでいました。今でも、一片の後悔もないです。（中略）夫としっかり向き合って、二人の関係を築いていく人生は、本当に幸せです」とノンママとして生きてきたのは自分で選んだことであり、後ろめたさも後悔も感じていないことを公言したことに対して、大勢のノンママが「こんなことをはっきり言ってもいいいんだ」と驚き、次いで「私も同じ。これでよかったんだ」と自分を肯定された気持ちとなり、さらに「私もこれまで『子どもはまだ？』と何度も言われて職場で肩身の狭い思いをしてきた」などとノンママ・ハラスメントについておずおずと口を開くようになってきたのではないだろうか。

ここまでノンママを苦しめる「言葉のハラスメント」について語ってきたが、もっと現実的なレベルで、「仕事を一方的に押しつけられる」といったパワハラや「子どもを産まないなら離婚してもらう」と夫の実家から通達されるハラスメントに悩んでいる人もいる。

私が耳にした実例で説明しよう。

アリサさん、40代、アナウンサーの場合

地方のテレビ局でアナウンサーを務めるアリサさんは、いわゆる〝天然〟のキャラクターが人気を呼び、その局の看板アナウンサーとして多くの番組に出演している。中にはバラエティ寄りの番組もあり、からだを張って地元の山に登ったりグルメレポートに出かけたりしなければならない。

しかし40代も半ばをすぎたということもあって、アリサさんはもう少し報道系の番組をメインにしたいと考え、上司に相談した。すると、その答えはこうだった。

「下の世代のアナウンサーはみんなまだ子どもが小さいから、家をあけられないんだよ。キミは子どももいないし、介護もまだだろう？　もう少しがんばってくれないかな」

自分でなければその仕事ができないから、と言われるならまだ納得もするが、「子育てがないから」というのが登板の理由と言われてアリサさんはがっかりしたという。

「私の時代は、アナウンサーとして入社すると30歳の壁があり、そこで仕事を失わないようにするためには、報道でもバラエティでも何でもこなさなければならなかった。仕事を続けたかった私は何でも必死でこなして生き残り、30代で同じ会社のディレクターと結婚したんだけど、そのときも〝女子アナは結婚すると人気がガタ落ちになるから困る〟と上司に渋い顔をされて、ほとんど発表さえできなかったし子どもだなんてとてもとても。

それなのに、最近、入社してくる女性アナウンサーは産休、育休の制度もちゃんと整っているし、『結婚します』『子どもを授かりました』と生放送の情報番組で報告すると視聴率が上がる、とむしろ上層部も歓迎ムード。私の苦労はいったい何だったのか、と思いますよね……」

カエデさん、50代、教室講師の場合

カエデさんは結婚は30歳とそれほど遅くなかったが、デザイン会社を経営する夫と「なるべく自立した夫婦でいよう」と約束し、子どものいない人生を選択した。それでも夫婦で話したり出かけたりする時間も多く、自分としては満足できる生活だったという。

そこに暗雲が立ち込めるようになったのは、40代も半ばを超えてからだった。

「夫の両親がそろって80代を迎えるにあたって、ちょっとしたお祝いの会を開きました。義母や義父が親しくしている友人や親戚も呼び、20人ほどの会でした。そうしたらそこでいきなり彼らが、『私たちの人生で残念なのは孫がいないこと』と言い出したのです。最初、冗談かなと思ったのですが、どうもそうでもない。私は夫の顔をチラッと見ました。彼が『お父さん、やめてくださいよ』などと止めてくれるのを期待したんです。でも、彼も気まずそうに目を伏せるばかり。私は針のむしろに座らされているようでした」

おそらくこれまでは理性で「息子夫婦は子どものいない人生でも幸せなのだから」と思えていた両親も、老いを迎えて脳の機能にも変化が生じ、感情を抑えることができなくなったのではないか。

それからというもの、両親は何かにつけてカエデさんに「本当にもう子どもはつくらないのか」とか、「私たちもこのまま死ぬわけにはいかない」などと言ってくるようになった、というのだ。

しかも、それに対して夫は自分の親に何も言ってくれない。カエデさんがひたすら「申し訳ないと思っていますが、私たちで決めたことなので」などとわびたり説明したりし続けなければならなかった。

するとついに両親は、「息子はまだ50前だから、相手さえちゃんとしていれば子どももできますよね」などと露骨な嫌味を言ってくるようになったのだという。

結局、そういう両親への夫の態度にも不満がつのり、カエデさんは離婚を選択することになった。

「離婚後、元夫にもその両親にも二度と会いたくない、と思っているので、連絡も取っていません。もしかすると元夫は若い女性と再婚して、親が望むように子どもをつくっているかもしれませんね。それにしても私の人生を丸ごと否定するような両親の態度は、いまでも許すことができません」

ノンママが声を上げにくい理由

このように、どう考えても理不尽な仕事の押しつけや夫の親族からの嫌がらせに対しては、本来、毅然としてノーを突きつけてもよいはずだ。

とくに仕事での不当な扱いはまさにパワー・ハラスメントそのものなので、「子どもがいる、いないに関係なく、私だけ不本意な仕事をしなければならないのはおかしい」と主張する権利がある。

ところが、次に述べるようなノンママ自身の自己評価の低さなどが原因となり、主張すべきこともできずにいる場合が多い。

もちろん、子育て女性が「もっと仕事もするべきだ」といったパワハラを受けたり、最近話題のように、妊娠した女性がそれを理由に降格や嫌がらせなどのマタニティ・ハラスメントを受けたり、と妊娠、出産、育児をめぐる女性へのハラスメントも深刻な問題だ。

しかし、それに関してはようやくとはいえ、少しずつ社会問題化しており、一度、表面化すると一気に広まって多くの人の支援も得やすい。

それに対して、ノンママへのハラスメントは被害者もそれを訴えにくく、表面化してからもなかなか多くの人の共感を得にくい傾向がある。それは、「子どもを持たないのはあなた自身が選んだことだから」という以外にも、繰り返すが「子どもを産む女性は守らなければならない」「子育ては尊いこと」という価値観が世間の根底にあり、知らないうちに「それに比べて子どものいない女性は」と、どこかその選択や主張を軽んじるムードもあるから、あるいはノンママ自身もそれをデリケートに感じすぎる面もあるからではないだろうか。

その傾向は、少子化が深刻な社会問題化したいま、さらに強まっているとも言える。つまり、ママはますます声を出しやすくなり、ノンママはますます声を出しにくくなっているのだ。

次に、ノンママを苦しめている、さらにわかりにくいが重大なハラスメントについて述べてみよう。

さらに深刻な「見えないハラスメント」

これは、ともすれば「受け取り方の問題だ」ともされかねない、ハラスメントと呼ぶべきかどうかも微妙なハラスメントである。とはいえ、ノンママたちの多くはこの「見えないハラスメント」で苦しんでいるのではないだろうか。

診察室で語られるノンママ・ハラスメントの大部分も、この「見えないハラスメント」に分類される。とくに職場では、「見えるハラスメント」ならまだそれを人事課などに訴えることもできるが、こちらは「気の持ちよう」と言われてしまうおそれがあり、どこにも訴えることができないのだ。

「目に見えないハラスメント」とは、世間の空気がかもし出すプレッシャーをまじめなノンママたちが敏感に感じ取り、それによって生じる傷つきや苦しみのことだ。

「子どもがいないこと」をニュートラルに受け止めてはいても、それをことさらに自慢する女性はいないと思う。

たとえばそれが住まいであれば、マンションやアパート住まいの人が「一戸建てにお住まいですか？」と聞かれて、「お恥ずかしながらマンションで」と引け目を感じる人もいるかもしれないが、逆に「一戸建ては不経済ですよ、私はあえてマンションに住み続けています」と、その選択を肯定的に話す人もいるだろう。

しかし、こと子どもに関しては、とくに女性の場合、「お子さんは？」と聞かれて「この時代、子どもを持つのはどうかと思いますね。それよりも自分の仕事を十分にやるほうが社会貢献だと思います」などと、ノンママであることを誇る人はいないのではないか。

たとえば私の場合も、「子どもはいないんですよ」とあっさり言うつもりがつい小声になってしまったり、ときには「まあ、私に子どもを産んでくれ、なんて言うオトコはいなかったもんで」などと、品の悪いギャグにして自嘲的なトーンになったりすることが多い。

逆に、子どもがいる女性が「お子さんは？」と聞かれて、「大きな声では言えないのですが、ふたりいるんです」などと声をひそめることはないだろう。

また、子どもの数が多いのも、それを答える女性にとって自信にこそなれ、劣等感になるとは考えられない。「これでも3人もいるんです」「子ども、4人なんです。お兄ちゃんとお姉ちゃんの下に双子ちゃんができちゃって」とその数が多ければ多いほど、答える女性もそれを聞くまわりの人も笑顔になるように思う。

比べるのは不謹慎かもしれないが、これが動物ならどうだろう。私の家には一時期、イヌとネコが計7匹もいた。ペットの話になって「で、いったい何匹いるの？」と聞かれたときには、「えーと、ネコが6……」と答えながら相手の反応を見る。

相手も動物好きで「いいなあ」などと肯定的な反応が返ってきたときには、「ネコの多頭飼いはおもしろいですよ。このあいだも……」などと話を続けるが、「そんなに？」と眉でもひそめられようものなら、「い、いや、ネコを保護する人にどうしても、と押しつけられちゃって」などと言い訳をすることも少なくない。

動物をたくさん飼っているのは、社会的には肯定的に評価される場合とそうでない場合があるので、慎重に見極めなければならない。それが子どもの場合は、周囲の評価ははっきりしており、「いればいるほどすばらしい」。だからその子どもを産んだ女性も、自然に「産めば産むほどすばらしい」と見なされることが多いし、そういう評価を受けるうちに自分でも自然にそう思えるようになる。

○『VERY』ママという勝ち組モデル

もちろん、だからといってその逆、つまり「産まなければ産まないほどすばらしくない」という論理は成立しないはずなのだが、ノンママ本人も「子どもはいればいるほどすばらしい」という価値観の中で生きるうちに、子どものいない自分への評価を下げがちだ。

それを端的に言えば、「子どもがいなくて肩身が狭い」ということになる。そして、そのように肩身の狭さを抱えながら生きているので、どうしても少しでもそれを刺激されるような言葉を投げかけられると、それがさらなる傷つきや引け目につながりがちなのだ。

世間は「あまりに気にしすぎ」「相手はそのつもりはなく言っているのだから」と言うかもしれないが、これまで説明してきたような理由により、ノンママが「子どもがいない私」に自信を持つことができず、神経が過敏になっているのはある意味でいたし方ないのではないだろうか。

この意識の差――つまり世間は「子どもがいない女性はダメ」とばかり思っているわけではないのに、ノンママ自身が引け目を感じすぎている――によるハラスメントは、なかなか防ぎようがない。何せ相手は「嫌がらせを言ってやろう」という悪意がないからだ。

しかし、この見えにくいハラスメントは、じわじわとノンママを痛めつける。

たとえば、いま売れ行きが好調の女性誌『ＶＥＲＹ』（光文社）のキャッチコピーは、「私の〝キレイ〟が家族の幸せ」。この場合の「家族」とはもちろん、自分自身の家族つまり夫や子どものことを指すのだろう。

『ＶＥＲＹ』は公には「子どもを持つ母の雑誌」とは謳っておらず、「30代の女性向けのファッション、料理、ライフスタイルの情報雑誌」となっている。とはいえ、特集や目次は、授業参観ファッション、家族とのリゾートでのすごし方、ママ友ランチの小物など、完全に「子どもを持つ女性」向きに特化している。

そして、そこに出てくるママたちは、ファッション誌だから当然と言えば当然だが、とても輝いてイキイキと描かれている。診察室にいると「子育てストレス」でうつ病になり、「子どもなんて産まなければよかった」「どうしてもわが子がかわいいとは思えない」などと悲惨な発言をする女性も一定数いるのに気づかされるのだが、『VERY』には当然、そういう女性は出てこない。

みな幸せな結婚をし、かわいい子どもに恵まれ、さらに自分でも仕事をするか、あるいは専業主婦だがボランティアで社会貢献をしたり趣味の教室を開いたり。もちろん、美容やファッションの手も抜かず、ときには夫婦の実家の親たちとも旅行に行くほど親孝行。そんなママたちの八面六臂の活躍が、これでもかというほどに描かれるのだ。

私もかつて、結婚して子どもを持ち、はじめて『VERY』を買って、「ついに私もVERY読者の仲間入りをした」と感激したという女性の話を聞いたことがあった。30代の女性たちにとっては、結婚、出産などいくつかのハードルをクリアし、『VERY』を読んでその情報を生かせるようになるのが、ある意味でいちばんの〝勝ち組モデル〟なのだ。

「ママタレ」ブームにもチクチク傷つく

いったい編集者はどういうビジョンでこの雑誌をつくっているのか。あるとき『VERY』編集部にいたという女性と話す機会があった。その人は子どものいない40代の女性であった。「読者には子どものいない女性はいないんですか」と聞くと、「3割は既婚、子どもなしだと思う」という答えが返ってきた。私は言った。

「だとしたら、その人たちはこのお受験ファッションとか子どもとおそろいのスタイルとか、そういう特集を見てちょっとチクッと傷つくんじゃないですか。たまには子どものない女性、離婚経験のある女性向けの特集などもあっていいのでは」

するとと彼女は苦笑しながらこう言った。

「そういうのはある程度、読み物でカバーしてます。それに、ファッションの情報を求めているのが圧倒的に子どもを持つ女性だとしたら、そちらに向くのは仕方ないのではないでしょうか。数の上でも少なく声もあまり上げない、子どものいない女性のためのページを用意するのはむずかしいのですよね」

彼女に「どうしてあなたは子どもがいないのですか」とは聞けなかったが、ビジネス上の割り切りで「ママ向け情報」に徹しているような姿にすがすがしさを覚えつつも、「それがまたノンママの劣等感を醸成することになっているのでは」とふと思った。読者はそうとは知らずに、「ここにこそ女性の生き方の理想がある」と素直に信じて、それを追求したり、そうなれない自分を恥じたりしているのではないだろうか。

よく考えれば、「ママタレ（ママタレントの略）」と呼ばれる、出産を経て子育て中のタレントの人気も同じだ。かつてアイドルは結婚すればその人気は自然に終了したものだが、いまは違う。アイドル時代は男性ファンをターゲットにした市場で活動していたのが、今度は同性の多い市場にシフトするだけなのだ。

その切り替えはあざやかで、これまでずっと「恋人はいません」という自分を応援してくれた男性ファンのことはあっさり切り捨てて、いきなり「彼のために毎日、食事をつくる幸せを感じてます」などと食卓の写真をブログにアップし、同性のファンから「忙しいのに手づくりの夕食なんてすごい！」と支持される路線に変更する。

そしてさらに妊娠するとおなかが大きくなった写真をアップしたり、中には出産シーンを記録したりする〝元アイドル〟もいるが、それもまた同性のファンから「すごい！　やっぱり母の姿は美しいですね」などと共感を呼ぶことになる。

もちろん、そこには「ファンの声にこたえたい」という純粋な気持ちもあるだろうが、一方で彼女たちには「ブログのアクセス数をかせぐことで謝礼が支払われる」「子ども向けの洋服ブランドを立ち上げる」といった目的もないわけではない。

それは「ママというマーケット」をターゲットにしたビジネスなのだが、なぜか社会には「出産、子育ては崇高な仕事。それをビジネスだなんて言うことは不謹慎」というムードもあり、それを指摘することはむずかしい。ただ、『VERY』と同じように、この「ママタレ」ブームも、子どものいないノンママの劣等感や罪悪感をチクチクと刺激していることは確かだ。これもまた、結果的には見えないハラスメントなのではないだろうか。

ここで「子どものいない30代〜50代向けライフスタイル雑誌」が創刊されればまた雰囲気が変わるのかもしれないが、マーケットとしてそれが成立したとしても、堂々と「子どもがいなくても私たち、輝いてます」などと宣言するのはむずかしいだろう。それはママたちからも「私たちは子育ての苦労をしながらも必死におしゃれを楽しんでいるのに」と反感を買うであろうし、何より「少子化は深刻な社会問題」とするいまの世間の空気では「ノンママでも幸せ！」といった価値観は到底、許されないだろう。

第4章

自分を肯定できないノンママたち

◯「子どものいない人にはわからない」

次は、インターネットの発言サイトにあった女性からの投稿である。プライバシーの特定を避けるために、一部を変更して引用したい。

夫あり、子どもなしの40歳です。強いポリシーがあって子どもがいないわけではなく、「まあ、そのうちね。自然でいいよね」と積極的に考えることなく、仕事したりそのつどやりたいことをやっているうちに何となくこの年に、という感じです。私は仕事のない週末、ボランティアをしているのですが、このあいだそこではじめて、ほかのメンバーと家族の話になりました。きっかけは震災のことだったような……。

そこにいたのは女性7人だったのですが、シングルがふたり、結婚して子どもがいないのは私だけ、ほかの4人はみな子どもありでした。

私に子どもがいないとわかると、みな口々に「そうかー、だから平日は仕事して、週末はボランティアができるんだー。何か余裕があると思ったもん」「ご主人は商社？　じゃ悠々自適ですねー、お金の使い道に困るでしょう？」などと言い出しました。それも、専業主婦の人だけじゃなく、シングルの人たちまで……。

もちろん、私はヒマなわけでも悠々自適なわけでもなく、何とか時間を捻出して、そのボランティアに行っているのです。これは私の考えすぎかもしれませんが、子どもがいる4人、シングルのふたりはその後、「私たちはたいへんなのよね」とそれぞれが意気投合して結束した感じになって、完全に私だけが浮いてしまいました。

何か自分ってハンパものなのかな、人間として何かが欠けているのかな、ってすっかり落ち込んでしまって……。もうボランティア、やめようかな。

こういう女性は、実は少なくないのではないかと思われる。

ノンママにとっていちばん傷つくひとことが、「子どものいない人にはわからない」「産んだことのない人にはわからない」ではないだろうか。

そう言われてしまったら、返す言葉がなくなる。「たしかに子どもがいないのは事実だけど」と認めてしまえばそれで話は終わってしまう。「産んでいないが気持ちはわかる」と言ったとしても、「そんなはずはない」と否定されてしまったらその先が続かない。

女優であるより社会活動家であるより、母親？

経験した人にしか、わからない。経験されたことしか、事実ではない。これを「経験主義」と言う。

この「経験主義」は、一時、哲学の分野でも一世を風靡したのだが、その後、下火になった。それはそうだろう。人が一生のうちに経験することなど限られているのだから、「経験したことしか信じない」となったら、ほとんどのことはわからない、ということになる。

たとえば、「平安時代の日本では」といった話をしていても、「あ、私、平安時代には生きていなかったもので」と言われてしまったら、それ以上、何の話もできなくなる。それはおかしいと、この「経験主義」が否定されるのは当然だ。

ところが、出産や育児の世界に関しては、不思議なことにいまだにこの経験主義が生きている。

『デッドマン・ウォーキング』でアカデミー主演女優賞を受賞した女優スーザン・サラン

ドンは、政治的にリベラルな立場であることを表明し、若者たちによる「ウォール街を占拠せよ」のデモに加わったり、２０１６年のアメリカ大統領選挙の民主党予備選では、民主社会主義のサンダース候補の集会に出席して応援スピーチをしたりしている。

私生活では、イタリア人の映画監督とのあいだに女児をもうけたのち、俳優・映画監督のティム・ロビンスと長年、パートナー関係にあり、１９８９年と92年に男児をもうけた。その後、ロビンスとの仲は破綻し、現在はいわゆるシングル・マザーだ。

そのスーザン・サランドンのツイッターアカウントのプロフィールにはこうある。

「Mother, activist, actress and ping pong propagandist（母親、社会活動家、女優そしてピンポン布教活動家）」

最後の「ピンポン……」はジョークだと思うが、女優よりも社会活動家であることが、さらにそれよりも母親であることが自分のアイデンティティの上位にある、と言いたいのだろうか。私は、１９４６年生まれながら若者といっしょになってデモ行進を行い、笑顔もファッションもチャーミングな彼女のツイートを見るのが大好きなのだが、このプロフィールを見るたびにちょっと考え込んでしまうのである。もし自分だったら、どうなるのだろう。

「Non-mother, activist, psychiatrist……（母親ではない、社会活動家、精神科医……）」

これが男性の場合だとどうなるのだろう。プロフィールの冒頭に「父親」と掲げる人はほとんどいないのではないか。

女性心理学者のハリエット・レーナーは、『女性が母親になるとき』という本の中で、自らの子育て経験も踏まえつつ、こう書いている。

私たちは、子どもをもってみるまで、わが子が自分のなかにどんなことを引き起こすのか、知ることはできないのです。

「妊娠・出産は神秘」と思いたい心理

産んでみなければ、わからない。育ててみなければ、わからない。

いまだにこんな「経験主義」を堂々と口にする女性がいるのは、よく考えれば不思議なことである。

「いや、ほかの分野では『経験主義』は否定されていますし」と言おうものにも、こと出産や育児については、そんなことを口にするのは野暮、というムードが漂っている。誰もが「出産は神秘」と思っているからだ。

というより、「妊娠や出産は神秘と思いたい」と言うほうが正確かもしれない。女性が、つまり自分の母親が「子ども」つまり「自分」を産んで、育てた。科学が進んだ世の中でも、それだけは「奇跡」や「神秘」であってほしいという願いが、誰の心の中にもあるのだ。

もし母親が、「あなたを産んだこと？　ああ、たまたまお父さんとセックスしたら精子と卵子が受精したのよね」と言ったとしたら、どう思うだろう。きっと「そんなこと、言ってほしくなかった。〝神さまからの授かりものよ。その意味はお母さんにしかわからないのよ〟と言ってほしかった……」と思うのではないだろうか。

しかし、子どもの側から「私が生まれたことだけは、それを経験したお母さんしかわからない奇跡であってほしい」というのはわかるのだが、それが発展して「それを経験した女性だけが特権的な存在」となってしまうのは、ちょっと困る。

何かを経験した人だけが深く理解できて、経験していない人はまったく理解できない、などということはないはずだ。

もっと言えば、経験することと理解することとは、まったく別のことなのだ。妊娠や出産は、「経験しないとわからない」ものでも「経験した人にしかわからない」ものでもないはずだ。また、「経験すれば誰にでもわかる」ものでもないことをつけ加えておきたい。

子どものいない教師・精神科医は頼りにならない？

しかし、とくに子どもにかかわる仕事をしている人にとっては、この「子どもがいない人にはわからない」という声はきつい。

「教師をしていますが、子どものいる先輩に『子どもを持たない教師は一人前じゃない』と言われました」

私もそのような経験を何度もした。私の場合は、それを診察室で、「子どもを持つ母親」から言われてしまうのだ。

精神科の診察室には、ときどき母親たちが「わが子の悩み」を相談しにやってくる。その悩みの内容は、言うことを聞かない、さっぱり勉強しないといった〝よくある話〟から、引きこもり、不登校、暴力、あるいは発達障害ではないか、といった深刻なものまでさまざまだ。

そんな母親たちから年に何回かではあるが、こんな質問をされることがある。

「ところで、先生のお子さんはもう大きいんですか？」

精神科医のマニュアルでは、こういう場合は正直に答える必要はない、とされる。主治医のプライベートな情報を与えすぎてしまうと、患者さんの側に先入観ができ上がり、その後の治療にさしさわりが出てくることがあるからだ。

教科書的な答えとしては、「私の家族のことが気になりますか？　それは、そのくらい、あなたがご自身の家族のことで頭がいっぱいということですね」といった感じで切り返す、となるだろう。

ただ、向こうが真剣に「お子さんは？」と聞いているのに、「なぜそんな質問をするのでしょうね？　そんなことが気になるあなたの心の中を、いっしょに探ってみましょうか」などとはぐらかすのは、何だか相手に失礼な気もする。だから私は、相手が子どもの相談でやってきた母親の場合は、基本的には正直に答えることにしている。

「子どもですか？　いえ、私には子どもがいないんです」

すると、そこで「えっ？　は、はあ、そうなんですか」と驚きながらも一応、納得する人もいるが、中にははっきりとこう言う人もいる。

「先生、お子さんがいないんですか。じゃあ、私の悩みなんて理解できないですね」

そのつど私も少しはがっかりするが、そういうときには次のように考えることにしている。

男性の患者さんに「先生は女ですよね？　じゃあ、オレのように頭髪が薄くなっていく男の恐怖はわかりませんね」と言われたことも、手品師の患者さんに「先生はお客さんの前で手品をやったことはないから、手品師の緊張なんてわかりませんね」と言われたことも、ないじゃないか。

基本的には、精神科の治療は医者の個人的経験に基づくものではないので、自分で経験していないものは理解できない、治せない、ということはないのだ。もし、そうだとしたら、アルコール依存症の治療や認知症の治療は、いったい誰がすればよいのだろう。

それなのに、こと子育てとなると「先生にはわかりませんね」と言われると、「たしかに」としょんぼりしてしまう。私の中にも、「子育てだけは特別で、経験した人にしか語れない」という先入観があるのだろうが、これはプロとしておかしな話だと思う。

本当ならば、「先生はお子さん、いないんですか？　じゃ、私の話はわかりませんね」

と言われたら、こう返すべきなのだ。

「いいえ、むしろ子どもがいないからこそ、客観的にあなたとお子さんとの問題を考えることができるのかもしれませんよ」

子どもがいる女性に「あなたはわかってない」と言われたら、反論してはいけない――そんな思い込みに縛られている自分を、まず解放してあげたいものだ。

子育て以外の話題は価値がない？

診察室では、「子どもの話しかしない女性と、どうやって会話してよいかわかりません」という声もよく聞く。

これまた私も、同じような状況になると、とても困ってしまう。あるとき、子育てと仕事を両立することで知られる女性学者と対談をしたことがあった。彼女は、その学問の世界でも高い業績を上げているのだが、経歴には必ず「私生活ではふたりの男の子とひとりの女の子の子育て中」といった一行をつけ加える。

その対談は育児がテーマではなかったので、最初、そういった家庭生活の話は出なかった。しかし、話がいよいよ佳境にさしかかったあたりで、彼女は突然、「昨日は下の息子の友だちとママ友を数組呼んでわが家でお茶会をして」といった、育児に関連した話を語り始めたのである。

それは直接、そこまでの比較的、硬い話とは関係なかったのだが、逆にそのギャップがその場に居合わせた編集者やカメラマンの関心を呼んだ。

「えー、先生が自宅でお茶会？　えっ、手づくりケーキでもてなしたんですか？　意外、いやさすがだなあ。こんなお母さんを持って、お子さんも幸せですねえ」

そういった話題が出ると、子どもがいない私としては、どう反応してよいのか、わからなくなってしまう。ましてや、それに対抗する言葉なんて、まったく見つからない。

もちろん、自分の経験に基づいて、「いやあ、私も昨日、ついに『24――TWENTY FOUR――』のDVDを見終わったんですよ」とか「飼い猫たちが激しくケンカしましてね。仲裁していて引っかかれました」などと言えばいいのだが、それらは子育てに関連した話に比べてどことなく〝見劣り〟がするように思える。

この〝見劣り感〟は、子どものいない女性にとっては、克服すべき最大の敵なのではないか、と思う。子ども以外の話題を、それに比べてつまらない、価値がない、などと思う必要はまったくないはずなのだ。

そして、子どもそのものの話題も、ノンママたちももっと積極的に口にしてもよいのではないだろうか。

雅子さまが〝正しく〟、私は〝失格〟？

もう何年も前になるが、診察室で40代の女性がこんなことをつぶやいた。彼女は既婚の高校教師だが、子どもはいない。中学まで親の仕事の都合でイギリスで暮らしていた帰国子女だった。高校で英語を教えるかたわら週末はボランティア活動に忙しく、疲労やストレスから心身の不調を訴えてやってきた。

「私も帰国子女だし、皇太子妃の雅子さまにシンパシーを感じてるんです。アメリカから帰国して日本の大学や職場になれるのもたいへんだったろうし、さらに皇室になれるのなんてもっとたいへんそう。きっと〝アメリカに帰りたいな〟〝外務省に戻りたい〟と思う日もあるんじゃないか、と思うんですよね」

「でも」と、彼女は続けた。

「愛子さまが生まれてから、雅子さま、変わりましたよね。何ごとも子ども中心、子どもがいちばん、っていうのを隠さなくなった。気持ちはわかるんだけど、それって何か雅子さまらしくないなあ、って。

いや、違う。雅子さまが〝愛子が、愛子が〟と言うたび、私、自分のことを責められてる気になるんですよ。こうやって〝誰より大切〟と言える子どもがいない私は、人間として失格なのかなあ、雅子さまの生き方のほうが正しいのかなあ、って」

たしかに、雅子さまのお誕生日に発表される「ご感想」などの文書を見ると、「一つ一つ成長していく子供の姿をみることは嬉しく、私にとり、日々の励みになっております」「今後とも、愛子が安心して学校生活を送ることができるように、愛子自身の気持ちをよく聞きながら、学校の理解と協力をお願いしつつ、私も出来る限りの手助けをしてまいりたいと思っております」など、「娘こそが私の生きがい」といった発言のオンパレードなのだ。

もちろん私は、彼女のなげきに対して「そんなことはないですよ」と答えた。だって、あなたは学校の先生をやってその上、ボランティアもがんばってるわけだし、雅子さまにも本当はもっと広く社会に目を向けてほしい、と思ってるわけですよね。だとしたら、子どものお話ばかりする雅子さまのほうが〝正しい〟とか自分が〝失格〟とか思ったりする必要はないんじゃないですか。そんなことを伝えた。

しかし、そう言いながらも内心では、「この人の話もわからないではない」と思った。それに何より、子育て中の女性に子どものいない女性が「子どもの話ばかりするのはおかしい。もっと社会にも目を向けるべきだ」などと言うのは、世間には到底、通用しないだろう。

女性週刊誌などを見ても、雅子さまが長期療養を続けて公務をなかなか行えないことに苦言を呈する記事はあっても、「キャリア女性路線から子ども一色の母親ライフへ」という方向性そのものを批判する声はない。

ワーママの肩代わりをするノンママたち

このように、子どもを持った女性が、仕事のあるなしにかかわらず「私にとっていちばん大切なのは子ども」と発言したりそういう行動をしたりすることは、「(まあ仕方ないと)許されている」というよりは、もっと積極的に「賞賛されている」と言ってもよいだろう。

そしてその陰で、子どものいない女性はどこか肩身の狭い思いを味わっている。あるいは、とくに職場では、子どもを持つ女性の分の仕事の〝肩代わり〟をすることもあるだろう。

私の知人のテレビディレクターの女性は、社内で「ワーク・ライフ・バランス委員会」に属している。彼女自身は独身で、ワーク・ライフ・バランスどころか、深夜も休日もなく働き詰めに働いている。

「どうしてあなたがワーク・ライフ・バランス委員を?」と尋ねると、彼女は苦笑しながら教えてくれた。

「私は女だから、女性社員の問題がわかるだろう、と思われてるんでしょうね。でも結局、私がやることは子育て中の女性、つまりワーキングママたちが就業継続できるように時短勤務などの制度をつくることで、私自身は何の恩恵も受けてない……。ってか、私は彼女たちが〝じゃ保育園のお迎えがあるから失礼しまーす〟と先に帰った後で、残った仕事をひとりで片づけることも多々。部署の男性たちは、〝女どうし協力し合ってやってくれよ〟って感じだし」

郵 便 は が き

お手数ですが、
切手を
おはりください。

151-0051

東京都渋谷区千駄ヶ谷4-9-7

(株) 幻 冬 舎

「ノンママという生き方」係行

ご住所 〒□□□-□□□□ Tel. (- -) Fax. (- -)			
お名前	ご職業		男
	生年月日	年 月 日	女
eメールアドレス：			
購読している新聞	購読している雑誌	お好きな作家	

◎本書をお買い上げいただき、誠にありがとうございました。
質問にお答えいただけたら幸いです。

◆「ノンママという生き方」をお求めになった動機は？
① 書店で見て ② 新聞で見て ③ 雑誌で見て
④ ネット、SNSで見て ⑤ 案内書を見て
⑥ 知人にすすめられて ⑦ プレゼントされて
⑧ その他（ ）

◆本書のご感想をお書きください。

今後、弊社のご案内をお送りしてもよろしいですか。

（ はい・いいえ ）

ご記入いただきました個人情報については、許可なく他の目的で使用することはありません。

ご協力ありがとうございました。

それでも彼女は、「子どもがいる人は早く帰って、私だけ深夜まで残ってるのはおかしい」とは言えないという。

「部署のおじさんたちは、子育て中の女性社員に〝キミは少子化対策に貢献して立派だな〟とそっちばっかりほめるから。もちろん私はほめられたくてやってるわけじゃないけど、ワーキングママたちの分まで仕事して、さらにほめられるのはママばかり、っていうんじゃちょっとね……」

「午後5時以降の会議」をやめた東京大学

最近は、このように少子化が深刻な社会問題とされていることも関係して、たとえ仕事を持っていても、女性が「私にとっていちばん大切なのは子どもです」とはっきり宣言し、そう行動することが認められるようになりつつある。また、世間もそれを「当然のこと」どころか、むしろ「よいこと」と認める傾向が強まっている。

その中で、子どもを持たずに仕事を続けている女性たちは、ワーキングママたちの仕事を引き受けて何倍も働いて物理的なストレスを感じている上に、さらに「キミみたいに子どもを産まない人がいるから少子化が進む」というプレッシャーにまでさらされて、心理的にストレスを感じ、自己肯定感が目減りしているのだ。

東京大学は2009年3月、「公的な会議を午後5時以降には行わない」という宣言を発表した。これは「女性研究者の活躍を促すのが狙い」とされている。また、今後は女性研究者をより積極的に採用する、との方針も同時に発表された。

少し前までは、女性は「出産で長く休まれると困るから」と採用を見送られたり、あるいはいったん採用されると、結婚、出産のことは考えずに働かなければ、とシングルを通し続けたり、というのがあたりまえだったことを考えると、驚くべき変化である。

私の知人で大学の研究者を目指していた女性も、10年ほど前にはこんなことを言っていた。

「私は結婚して子どもがひとりいるんだけど、履歴書にそれを書くと不採用になっちゃうから、教員公募に書類を出すときは独身ということにしてる。もちろん、結婚の予定は一切ありませんという顔をして。大学の場合、採用でいちばん有利なのは既婚男性、次は独身男性、それから独身女性という順番で、既婚で子持ちなんて最悪中の最悪だから」

それが一気に逆転し、いまでは「子どもを持つ女性がいちばん有利」という時代が来たのだ。

とはいえ、すでに職を得ている女性の中で、「家庭より仕事」という〝昔ながらのルール〟を守り続け、ずっと未婚、未出産で働き続けている女性は、いま周囲からどう思われているのだろう。

あるとき、シングルの女性からこんな相談を受けたことがある。彼女は40代で、ＩＴ系の企業で長く経理を担当していた。

「大学時代の友だち何人かで食事したときに、『毎週、日曜に山の清掃のボランティアしていて』というのを切り口にして、環境問題を話題にしようとしたんですよ。そうしたら、幼稚園の娘を持つ友だちが話に割り込んできたんです。『へーえ、私は日曜は子どものお教室でたいへんよ。英語にリトミック、最近は子どもがダンスに興味を持っちゃって。そうしたらラッキーなことに、アメリカのディズニーランドで振り付けをしていた先生が近所にいたのよ。その先生のレッスンっていうのがね……』という感じで。そうしたら子どものいる人たちだけが、〝ウチはね〟なんて盛り上がり始めたんです。

もちろん、山の清掃の話題や環境問題なんてどこかに行っちゃったし、その後の話題には入れないし。こんなことをしている私は惨めなだけなのかも、という気になっちゃって……」

迷うこともなく、わが子に関するグチとも自慢ともつかない話を延々とする女性を見ていると、ともすれば子どものいない女性は、「この人がやっぱり正しいのかしら。子どもがいない私はここにいてはいけないのではないか」という気持ちに陥って、落ち着かなくなってしまうのだという。

「かわいそうなおばさん」を演じるCさん

2015年4月20日号の『AERA』(朝日新聞出版)、「大特集・子どもがいないとダメですか?」では、「いまの日本には、〝子どもを持たない〟ことが肩身の狭さにつながる『子なしハラスメント』とも言える空気が広がっている」と書かれている。

この記事には、39歳のシングルの女性医師Cさんという人が登場する。勤務する病院の医局の同僚女性も子育て中の人ばかりだそうで、昔から子どもが苦手で自分の子どもがほしいとは一度も思ったことがないCさんは、「医局で何かと、親目線が強調される会話が始まると、入る隙がない」と率直に語る。そして、この空気を「子なしハラスメント」と呼ぶのだ。

Cさんはある程度、積極的に〝ノンママ人生〟を選び取っているようなので、これは「ノンママ・ハラスメント」と言い換えることもできるだろう。

Cさんは、ノンママ・ハラスメントを回避するためには、「努力しても結婚できず、子どもも持てないかわいそうなおばさんを演じること」だと言う。子どもが「ほしくない」と言えば、いかにその価値観がおかしいかと否定されたり説得されたりするが、「ほしくてもできない」「結婚できない」と言えば、仕方がない、かわいそうと許されたり同情されたりするからだそうだ。

ここに登場するCさんは、医師という職業を持っていること、「子どもは好きではない」という確固たる気持ちがあることから、ノンママ・ハラスメントを「うっとうしい」とは思っても、それで自分が自信を失うようなことはなさそうだ。

しかし、その前に紹介した女性たちは、そこまでの確信があって子どものいない人生を選択したわけではない。何度か述べたが私も同様だ。「何が何でも子どもだけは勘弁」と思っていたわけではなくて、いろいろな成り行きで、はっと気づいたら「子どものいない人生」を選択せざるをえない状況になっていた、ということだ。

これが男性なら、生物学的には何歳であっても人工授精などを使えば子づくりは可能なので、腫瘍などで生殖器官を摘出でもしない限り、「はっと気づいたら子どものいない人生に」という瞬間は一生、訪れない。

もうだいぶ前に、大学で学生たちと「人生があと24時間で終わるとなったら何をするか」という話をしたら、ひとりの男子学生が「子どもをつくる」と言った。なるほど、男性の場合、24時間以内に妊娠可能の状態の女性と性行為をするか、あるいは精子を採って冷凍保存すれば、自分の子どもを残すことは可能だ。

女性の場合、「残り24時間」で自然妊娠や出産は不可能だし、卵子を採っておいて誰かの精子と授精させ、別の人の子宮を借りて出産、という道もないではないが、採卵できるタイミングかどうかはわからない。

◯「人生を間違った」と自分を責めてしまう

このように、女性にとって妊娠や出産とは、いろいろな〝縛り〟がかかっていて、仕事を持っている場合、よほど計画的にするか、あるいは計算外でそうなるかでないと、すぐには実現できないものなのだ。

そこでウカウカしていたり、その〝計算外〟が訪れなかったりすると、先に述べたように、「はっと気づいたら子どものいない人生に」となりやすい。そういう人の場合は、女性医師Cさんのように、「子どもがほしいと思ったことは一度もない」というタイプとは違って、容易に「私の人生、やっぱり間違っていたのだ」と自信喪失に陥りやすいのだ。

そして、子育て中の女性がまわりへの配慮もあまりなく、子育ての話に夢中になったり、早く帰るワーキングママの仕事が自分に回ってきたりしても、それを「おかしい」とか「間違っている」と思えず、「子どもがいない私がいけないんだ」「人生間違ったかもしれない」と自分の側を責めてしまう。

この自信喪失、自己肯定感の低下こそが、子どものいない女性にとっては何より深刻な問題なのではないだろうか。

それは相手が嫌がらせや意地悪をしようと思わなくても、起きてしまうこともある。私自身、まわりの友人が少しでも子育ての苦労話を始めると、「これって、子どものいないあなたはラクね、という当てつけかな」と思い、「いやいや、さすがにこれは被害妄想だろう」と自分に言い聞かせることもしばしばだ。

相手は単に、いま自分がいちばん時間やエネルギーを取られていることについて話しているにすぎないのだろう。これを「子なしハラスメント」と受け取るのはやや過敏かもしれない。

しかし、相手がはっきりと何かの意思を持って、子どものいない女性に「どうして子どもがいないの?」と聞いたり、「子育てもしてないんだから仕事くらいちゃんとやってよ」と不当にたくさんの仕事を押しつけてこようとするのは、明らかなハラスメントであろう。

ここでまずはっきり確認しておきたいのは、「子どもがいることは立派」かどうかはさておいても、この「子なしハラスメント」は許されるべきものではない、ということだ。

ノンママ・ハラスメントに声を上げよう

自分の人生が正しいか間違っているかは、また別問題としてゆっくり考えたほうがよいかもしれないが、少なくとも「子どもがいない」ということで肩身の狭さを感じたり自信を失ったりする必要はないし、ましてやワーキングママの仕事を肩代わりして自分だけが残業などで苦しむ必要はまったくない。

とくに、「どうして子どもがいないの?」といった言葉は、この章で述べてきたように、明らかなハラスメント行為だ。ハラスメントの種類としては、相手の人格を傷つけるモラル・ハラスメントになろうが、もし相手が上司であるなど本人が「そんなこと、言わないでくださいよ」と言い返せない場合はパワハラにもなる。もし、その人が同じようなハラスメント発言を頻繁に繰り返すようであれば、人事課や会社のハラスメント対策室に報告すべき案件だ。これは、決して「子どものいない女性のひがみ」などではなく、職場から根絶すべきハラスメントなのだ。

もう罪悪感を持つのもやめよう

また、「私には子どもがいない」ということによる自信喪失や罪悪感が、「だから子育て中の女性たちの仕事くらい引き受けなければ」という自己犠牲的な気持ちにつながるのも、本来は不必要なことだ。子どもがいる、いないと、どこまでの仕事を自分がしなければならないかは、まったく別問題。もし職場で「女は女どうし、助け合ってやってよ」という雰囲気があり、子どものいない女性がワーキングママの仕事を肩代わりしなければならない空気があったとしても、そこにははっきりノーを言うべきだ。本来は男性にも同じように負担を分担してもらうべきだし、それを提案できないなら「私はできません」でもいい。

子育てだけが人生でやらなければならないことではない。子どもがいなくても、介護、そのほかの社会活動、趣味や恋愛など、人生にはやらなければならないことがたくさんある。その中で、子育てだけが早退や残業拒否の理由として認められる、というのがそもそもおかしいのだ。

もちろん、だからといってそこで、「子育てで早退が許されるなら、私だって趣味の野球観戦で早退してもいいはずです」と正直に言いすぎる必要もないが、本来は仕事以外の時間を何に使おうと、それは働く者の自由であるはず。「子育てには価値があるが、そのほかのことはそうでもない」と思われがちなのは確かだが、自分までがそう思ってしまうのは避けたい。

子どものいない家に帰り、好きなことをして時間をすごしたり、あるいは夫や恋人との時間、ペットとの時間をすごしたりすることにも、もっと言えば何もしないでゆっくりした時間をすごしたりすることにも、十分な価値はあるのだ。

自分でそう思えない限り、「子どものいないこの女性にもっと働いてもらおう」といった一極集中は、止まることはない。残念ながら、「この人にだけやらせるのはおかしいだろう」と男性が気づいてくれたり、ワーキングママ側が気づいてくれたりすることはまずないだろう。

もちろん、職場に子どものいない女性が複数いる場合は、その人たちと連帯し合って、自分たちが不当な目にあったりハラスメント的な言動の被害を受けたりしないよう、主張することも有効だが、そうなると、ともすれば「ワーキングママ対子どものいない女性」という女性どうしの対立の構図ができ上がる。そしてまた、職場の男性たちはこういった「オンナ対オンナ」の対立に下世話な興味を持つことが多く、誰も第三者の立場から仲裁してくれない状況になりがちだ。

それを防ぐためには、子どものいない女性は職場で、まず自分で自分の身を守ること。最低限、自分の自信を低下させたり罪悪感を抱いたりしないようにすること。毎日、繰り返し、「私はこれでいいんだ」と自分に言い聞かせるくらいの勢いでなければ、ワーキングママが大手を振って働き、子育ての話をし、育児の都合で仕事を切り上げる職場ではサバイバルできないかもしれない。

第5章

母親にかなわない
ノンママたち

ノンママはいつまでも「子ども」のまま

言うまでもないが、子どものいない女性はいつまでも「親」という立場にはなれない。また、これまた言うまでもないが、自分の親が存命の場合（いや、たとえすでに他界していても）、親は「親」という立場にいる。

これはどういうことかというと、親は「親」、そして自分は「子ども」のまま、一生、その関係性が変わらないのだ。

いや、もし自分が出産していたとしても、親は親でしょう。

そう思う人もいるかもしれないが、これは違う。たしかに「親は親」だが、自分もまた「親」という立場になるので、ある意味、親との関係が同等になるのだ。あるいは、逆転もありうるかもしれない。

たとえば、私は自分のふたりの祖母とは同居したことがないまま、どちらも比較的、早く他界したのだが、たまに遊びに来ると、私の父親を「パパ」、母親を「ママ」と呼んでいたのを子どもごころに覚えている。それは孫である私と弟の呼び方にならったのだろう。

とくに父方の祖母は、父を「パパさん」、母を「ママさん」と呼び、何かと頼りにしていた。小学生の頃、私は「何だか、パパやママがおばあちゃんの親みたい」と思ったものだ。そして実際に、父や母が祖母やそのきょうだいに対していろいろと世話をしたり生活の面倒を見たりして、祖母が「いつもすまないね」「本当にありがたい」などと頭を下げているところも何度となく見た。

このように、親が生きていても、昔ならいわゆる〝代替わり〟をして、その家の代表や中心は30代となった子ども世代となり、親は隠居して「老いては子に従え」となる。そういうケースがかつては少なくなかったと思われる。

しかし、いまは違う。親は子どもが30歳どころか、40歳になろうと50歳になろうと「子どもは子ども」と考え、自分が70代、80代、中には90代になっても「親は親」と、もうシニアにさしかかった〝わが子〟の世話をしようとする人も少なくない。たとえば私の診察室にも、80代後半の母親が60代の娘や息子のために、「今日は子どもが体調がすぐれないので」と処方箋を取りに来ることもめずらしくない。

まして、その子どもが娘で出産の経験がなければ、母親が「あなたたちの時代だから」と〝親を降りる〟ことなどまずないだろう。

わざと〝手がかかる娘〟を演じるエミリさん

先ほどの「もうおとなになった娘のために処方箋を取りにくる親」のひとりに、こんな人がいる。仮に娘の名前をエミリさんとしよう。

エミリさんは47歳、結婚しているが子どもはいない。音楽会社に勤めて忙しく働いており、70代の母親がときどき掃除などの手伝いに行っている。5年前、エミリさんは乳がんを患い、そのときに軽いうつ病になった。いまでもときどき睡眠導入剤を使用しなければ眠れない日があり、3カ月に一度くらい診察室にやってくる。そして、その2回に1回は、母親が娘の処方箋を求めて代理でやってくる。

診察室に来ると、母親はいつも高校生の娘のことを語るようにエミリさんの話をする。

「最近も夜ふかししては朝、起きられない日があるようですよ。だいたいあの子、無理しすぎなんです。私も一生懸命、料理をつくり置きしたり洗濯をやってあげたりしてますけどね、私がいなくなったらどうするつもりなんでしょう」

エミリさんが受診したときに、「ずいぶん調子がすぐれないようですね。お母さまにずいぶんお手伝いいただいているようですが」と言うと、エミリさんは苦笑した。

「そうでもないんですよ。1週間に一度か二度、いただいているお薬を飲むとよく眠れるし。朝だって自分で起きられます。おとなだから。母のほうがそう思いたいんでしょう、まだまだこの子には私が必要なんだ、って」

その話を聞きながら、何だかエミリさんはわざと〝手がかかる娘〟を演じて、母親が「私がいつまでも母親としてがんばらなければ」というポジションをキープし続けるための手伝いをしているように見えた。もし、エミリさんが本当に元気になって、「もうお母さんは手伝いに来なくていい」となったら、母親は自分の生きがいをなくしてしまう。エミリさんはそう知っているのだ。

「これで孫でもいたら、母親は今度はおばあちゃんとして孫の世話をできたでしょうけれどね。私には母親をおばあちゃんにしてあげることができなかったから、せめて母親としての生きがいを感じさせてあげなければ」

◯母親の「マウンティング」を止められないサキさん

中には、娘が気を遣ってそうしているのではなくて、母親自身が「私のほうが上よ」と力を見せつけようとするケースもある。いまの流行語で言えば、「マウンティング」となるのかもしれない。

50歳のサキさんの母親は、弁護士の妻として経済的にも恵まれた生活を送り、けっこうなお金と時間を美容やファッションにかけてきた。だから、仕事に追われてボロボロのサキさんなどより、80歳になったいまでもある意味でずっときちんとして美しい。また、専業主婦として友人とランチや歌舞伎などに出かけ、話題も豊富だしそれなりに行動力もある。

サキさんはときどき、「もういい歳なんだから、あまりハデな服はおかしいよ」などと言いたくなることがあるが、サキさんには「自分には子どもがいない」という負い目がある。

母親が「ほら、〇〇さんの奥さん。お孫さんが今年、医大に入ったんですって。このあいだ生まれてお祝いあげたと思ったのに早いわね……」などと、友だちの〝孫自慢〟をちょっとうらやましそうに話すたびに、「あなたは私に孫を与えてくれなかった」と自分が責められているような気になり、つい「今度、温泉に行ってきたら？　私がすてきな旅館を予約してあげるから」などと言ってしまうのだった。

サキさんの母親も、サキさんに、「あなたはまだまだ子どもね」「そんなこともわからないの？」などと、何かにつけて自分が上であることをアピールしてくる。

サキさんの場合、結婚もしておらずシングルなので、よけいに「そんなこと言わないでよ」などと止めることもできず、「そうかな」と沈黙してしまう。そして、母親はそうやってマウンティングしながらも、次の瞬間には「私たち、何でも話せる友だち親子よね？」「何だか姉妹みたいね」などとやさしい言葉をかけてくるのだ。

「それってDV夫みたいですよね。支配しておきながら甘やかす。でも、相手が対等な夫なら、こちらも『その手には乗らない』などと言えるかもしれないけど、母は親だから、『そうね、何でも話せるママで幸せだと思ってる』なんておせじを言うしかないんです」

更年期のうつ症状で診察室に来たサキさんは、「更年期もつらいけど母もしんどい」とこんな話をしてくれた。

◯孫を抱かせられなかったという負い目

『白雪姫』の童話の中で、主人公の継母である王妃は、「鏡よ、鏡よ、鏡さん、世界中でいちばん美しいのは誰？」と毎日、問いかける。

鏡の答えはずっと、「それは王妃さま、あなたです」であったが、白雪姫が成長すると、鏡は妃ではなく姫の名前を答えるようになる。嫉妬に狂った妃は、白雪姫を森に連れて行き、殺害しようとする。

あまりにも有名なグリム童話の一篇だが、初版本では、妃は白雪姫の継母ではなくて実の母親として登場する、という説もある。実の母がわが娘の美しさに嫉妬し、殺害計画を立てる、というのはあまりにおそろしい。

しかし、先に紹介したふたりの娘は、子どもがいないばかりに「孫を抱かせられなかった」といった負い目もあり、「私ももう親なんだから、いつまでも子ども扱いしないで」と毅然とした態度を取ることもできず、いつまでも母親に「いちばん美しいのは誰？　あなたが必要としているのは誰？」と繰り返し聞かれて、ずっと「ママ、それはあなたです」と答え続けなければならないのだ。

もし、その娘がまだシングルの場合、事態はさらに悲惨だ。

いまは40歳、50歳になってはじめて結婚するという人もめずらしくないが、母親に「ママが世界一」と言い続ける役目を担ってきた娘は、男性に「あなたはきれいですね。僕と結婚してください」と言われても、それをなかなか受け入れることができないのだ。そして、〝婚活〟がうまくいかず、スゴスゴと戻ってきた娘に対して、母親は半ば勝ち誇ったようにこう言う。

「昔からあなたは不器用だったもの。ママはあなたが子どもの頃からのことを全部、知っているのよ」

そう言われると、子のない娘、結婚していない娘としては、母親に「あなたには一生かないません」と敗北宣言するしかない。この問題については、社会学者の上野千鶴子氏が著書『女ぎらい』の中で次のように語っている箇所が参考になる。

母の期待に応えるにせよ、母の期待を裏切るにせよ、どちらにしても、娘は母が生きている限り、母の呪縛から逃れることができない。母に従っても逆らっても、母は娘の人生を支配しつづける。母は自分の死後までも娘の人生を支配しようとする。そして、娘の母に対する怨嗟の感情は、自責感と自己嫌悪としてあらわれる。母を好きになれない自分を、娘は好きになれない。なぜなら母は娘の分身であり、娘は母の分身だから。

（『女ぎらい――ニッポンのミソジニー』紀伊國屋書店、２０１０年）

何度も言うが、もし娘側にも子どもがいれば、「いつまでも私を分身だと思われても、私にもすでに分身がいるのだから」と関係性を切ったり変えたりすることもできる。しかし、子どもがいないノンママの場合は、「自責感と自己嫌悪」はいっそう強くなるので、この関係性から離脱するのはますますむずかしくなる。

なぜ母親はあんなに自信満々でいられるのか

ただ、それでも残る疑問がある。もし娘は母の、母は娘の分身であるならば、母だって娘に対して「申し訳なかった」と贖罪《しょくざい》の気持ちを持ってもよいはずではないか。

ところが、「あなたにはかないません。それなのにあなたを嫌おうとしてごめんなさい」と謝るのは、たいてい娘側だ。そして、母親の多くは、娘の謝罪を「冗談はやめてよ」などと、本気にしない。

母と娘のあいだには大きなアンバランスが存在している。

つまり、母親というものは「あなたを支配してごめんなさい」「あなたを嫌ってごめんなさい」と思うこともなければ、「実は……」と母親への敵意をおずおずと告白する娘の言葉にショックを受けることもないのだ。それはなぜなのだろう。

もしかすると、それは母親というものが「自己嫌悪」とは無縁だからなのではないか。自己嫌悪に陥るのは、いつも娘の側、それもとくに子どもを持つことがなかったノンママの娘の側なのだ。

では、なぜ母親は自己嫌悪に陥ることがないのか。それだけ母親がひとりの人間としてすばらしいから、という理由だけでは説明できない。

おそらく、娘を持つ母親というものは、「結婚して出産し、娘を持って親になることに成功した」というただそれだけのことで、自分や自分の人生に対して全面的に肯定的な気持ちを持てるのではないだろうか。

というよりも、「私もいろいろあったけれど、娘も生まれたし、これでよかったのよ」

と自己肯定や正当化を繰り返すことで、母親はこれまでの人生を生き延びてきたのだ。娘を持てたから、つまり分身をつくれたから、これで人生の最低条件はクリアできたはずだ、ということがもたらす自己肯定感は、母親にとっては自分がサバイバルするための最初で最後のよりどころとして機能しているのだろう。

「娘を持って親になれたこと、これはどう考えても正しいことだった」

こう固く信じている母親に、子どものいないノンママ娘が太刀打ちできるわけはない。

逆に言えば、母親があれほど自信満々なのは、自分という娘を持てたおかげなのだ。ところが母親というものは、自分が娘に対して優位な立場でいられるのは、実はその娘がいるからだ、という単純な事実を忘れてしまう。「あなたがいてくれたおかげで、私も親でいられるの」と感謝できる母親は少なく、あたかもその娘が生まれる前から、自分は母親であったかのように振る舞ってしまう場合がほとんどなのだ。

「あなたを育てたこの私が言うんだから」

もうひと組の母とノンママ娘を紹介しよう。

ホタルさんは40代後半で、歯科医として多忙な毎日を送っていた。一般企業に勤務した後、30歳近くなってから一念発起して歯学部に入り、勉強ひとすじの生活の中、結婚を考える余裕はとてもなかったという。いまだに実家暮らしを続けている。

母親も「まずは資格が取れないことにはお話にならないわね」と言って、とりあえずは勉強の日々を応援してくれた。そのときも何度も、「あなたにはわからないでしょうけれど」という言葉を母親の口から聞いたという。

「あなたははっきりした目標があるほうが、がんばれるタイプなのよ。子どもの頃からずっとそうだった。あなたにはわからないでしょうけれど」

そのときは母親の応援が力になり、ホタルさんは晴れて歯科医としての道を歩き出すことになった。まずは大学病院での研修を始めた。

ところがいっしょになって喜んでくれた母親は、3カ月もたつと「これからどうするの？」と、ホタルさんを問い詰めるようになってきたという。

「これから結婚して子どもを産んで、となると急がなきゃ。まさかひとりで歯科クリニックをやっていくつもりじゃないでしょうね」

ホタルさんは、これまで「勉強、資格」と言っていた母親が突然、豹変したことに驚いた。

「何言ってるの。やっと研修医になれたばかりで、とてもそんなこと、考えられないよ。それに女性ひとりで開業してる先輩だってけっこういるよ」

するると、母親はその話をさえぎったという。

「あなたがそんなことを言うとは思わなかった。ママの娘のあなたが結婚もしない、子どもも持たない、だなんて考えたくもない。友だちや親戚になんて言えばいいの？　あなたにはわからないかもしれないけど、とにかくママの言う通りにしてちょうだい。ママを泣かせないで」

つまり、母親の頭には「結婚もせず子どももいない女性はダメ、負け」というはっきりした方程式があるようだったのだ。

ホタルさんは、そんな母親の態度に怒りよりも驚きを感じたという。どんなに「私はまず歯科医療に専念したい」などと言ってもまったく聞こうともせず、「あなたにはわからないだろうけど、あなたが間違っている」と繰り返し、さらに説明しようとすると「聞きたくない」と耳をふさいでしまうのだ。

「いったいなぜこんなに自信があるのか」と疑問を抱く中、ホタルさんは母親との会話のあるひとことから、その答えを見つけることになる。

そのひとこととは、「あなたを育てたこの私が言うんだから」であった。

あるとき家を出ようとするホタルさんに、母親が「そのコートはあなたの顔には野暮ったく見えるから別のにしなさい」と言った。ホタルさんが「急いでいるし私が気に入っているコートだから」と着替えを拒むと、母親はきつい口調で言った。

「あなたにはわからないの、親の気持ちが。子どもを育てたこともないんだから。あなたを育てた私が言っているんだから、間違いないのよ」

ホタルさんはその言葉を聞いて、母の揺るぎない自信の根っこにあるのは、「自分は娘を育てた母親なのだ」という気持ちであることに気づいた。だとしたら、子どものいないホタルさんには、どこまで行っても「私だって親なんだから、それくらいわかるよ」と言い返す機会はやってこないことになる。

「子どもを持つだけで、あんなに自信家になれるものなのかな？　だとしたら本当にうらやましい。私、歯科医としては腕が悪いほうじゃないと思うし、先生じゃなきゃ、と言って来てくれる患者さんもいっぱいいる。でも、いくら歯科医としての自信を身につけても、ちょっとしたことで〝やっぱりまだまだかも〟とか〝もしかすると歯科医に向いてないかも〟なんて思うこともある。仕事での自信なんてもろいものなんだよね。

でも、母の〝私は子どもを産んで育てた母親だ〟という自信は、ちょっとやそっとでは揺るがないみたい。それにはかなわないですよね……」

「孫を見せられない」「孫自慢をさせてあげられない」と母親に後ろめたさ、申し訳なさを感じながら、さらに母親にマウンティングされて「母親にはかなわない」と思い続けなければならない〝子のない娘たち〟の苦悩はそれなりに深い。

第6章

ノンママたちの〈介護〉と〈最期〉

ノンママの人生には逃げ場がない

ノンママは、「母親らしさ」ということにとらわれることなく、子育てに時間や気力を奪われることもなく、自分がしたい仕事、自分がしたい勉強、自分がしたいファッションなどを自由に楽しむことができる。世間はそう思っているかもしれない。

しかし、その分、ノンママは自分の人生に責任を持たなくてはならない。「まあ、いろいろあるけれど、私は少なくとも子どもだけは育てたわけだから」とか、「自分ができなかったことを子どもが成し遂げてくれるに違いない」といった〝逃げ〟がいっさい通用しないのだ。

また、とくに仕事をしているノンママにとっては、そのストレスを「子育て」で逃すことができないのはつらい。もちろん、子育てがストレスという場合もあるだろうが、それは誰から見ても「大切な仕事」だ。また、「ほかの誰にもできない仕事」でもある。

だから、もし日中、「いまの仕事はやりがいがない。社会の中であまり大切な仕事じゃないかもしれない」とか「これ、私でなくても誰にでもできるんじゃないかな」と思っても、家に帰れば「かけ替えのない自分」になることができる。それができないノンママは、「仕事の場にいなければダメ」なことが「どこにいてもダメ」と直結してしまうのだ。

このように、「母であること」の回路を持たないノンママは、とかく目の前の困難をダイレクトに受け止めてしまい、「何はともあれ私は母親」という止まり木に逃れることができない。

その「目の前の困難」としてもっとも立ちはだかりやすいものは「仕事」だが、それはほかにもある。たとえば、次に述べる「介護」もそれだろう。

介護はママ、ノンママどちらにとってもたいへんな問題であることには変わりない。とりわけ、いま世間で注目されているのは、「子育てをしながら介護もしている」という、いわゆる〝ダブルケア〟の問題つまり「ママたちの介護」のほうだ。

晩婚化が進み「40代ではじめての子ども」という女性も少なくないいま、「やっと子どもが幼稚園に入ったと思ったら、親が70代後半になって介護が必要に」というケースも少なくない。

しかし、ノンママにとっても介護がたいへんなのは変わりなく、介護の苦労を子どもとのかかわりでひととき忘れる、ということもできない。もちろん、「子育ては苦労であり、癒やしではない」という声も上がるだろうが、何と言っても子育ては「未来につながる苦労」であり、介護はそうではないことは言うまでもない。

「ママ、いつになったら死んでくれるの?」

ノンママによる介護がいかに「逃れ」や「癒やし」がないものかをリアルに描き出したのが、水村美苗氏の自伝的小説『母の遺産——新聞小説』(中央公論新社、2012年)だ。

主人公は更年期障害のただ中にいる50代、不定期の翻訳などを仕事にしている女性である。結婚はしているが夫とのあいだにも問題を抱え、子どもはいない。姉は裕福な家に嫁ぎ、子どももいる。その姉妹がからだの弱ってきた母親の介護をすることになるのだが、病んでもなお、母は姉妹を支配、コントロールしようとする。

何度も肺炎などの危機を乗り越え復活する母親に、次女が思わずつぶやく言葉が、帯にもなっている「ママ、いったいいつになったら死んでくれるの?」。

次女にとっては、長女以上に介護が重く生活や心にのしかかるのだが、それは単に長女より経済的余裕がないからではない。ノンママである彼女には、「介護をしている娘」という役割しかなく、家に帰っても夫は単身赴任中でどうも不倫をしているらしいということもあって、「高校生の子どもの進学で頭を悩ませる母親」といったほかの役割がないのだ。

だから、日頃は母親の苦労に思いをはせ、自分を抑えている次女も、しばしば「ママ、あなたのせいよ！」と怒りを抑えることができなくなる。介護をしている最中はとくにそれに時間や手間を取られ、夫の不倫を見逃したという怒りもあるのだ。

その怒りは、母親が亡くなってからも消えない。ノンママの彼女は、「いろいろあったけどママもかわいそうな人だった」などと振り返って、「さて、これからは自分の子育てに専念できる」と別の役割に戻ることができない。「母を介護している娘」から「母を喪った娘」にシフトしただけなのだ。

次女にとって母の死後は、消えていかない怒り、こだわり、あわれみなど、母親をめぐる感情から、どうやって本当の意味で卒業していけばよいのか、という問題になる。つまり、「両親の娘」というポジションからの解放、本当の意味での自立である。

とはいえ、やっと自立を遂げたとき、ノンママ娘はすでに50代後半から60代という、自らもミドルからシニアにさしかかる年齢になっているというのは、何とも皮肉な話だ。

○「介護は当然」、「臓器移植も当然」

『母の遺産』以外にも、「親を介護するノンママ娘」を描いた物語が次々と出ている。

篠田節子氏の『長女たち』（新潮社、２０１４年）は、おさめられた3つの短編すべての主人公が「母親の介護で頼りにされる長女」である。しかも、介護が必要になった親はすべて母だ。

そのひとつ「ミッション」の主人公・彗子は、40代が近づいたいまもクリニックを開業する医師の父の下で、会合に顔を出すなどしてクリニックを切り盛りしているシングルのノンママ娘だ。60歳になろうとする母はその役割を拒絶し、いまは糖尿病などの病を患う身。母のために夕食の支度をし、地域の有力者が集まる催しに出かけようとすると、母は娘の服装がハデだと苦言を呈する。

「被災地支援だっていうのに、そんな身なりをして。食べる物も着る物もなくてみんな震えていたっていうのに、音楽だのパーティだのって」

そうやって非難するくらいなら自分が出席してくれるか、院長夫人として実務に携わってくれればいいのに、パソコンなども覚えようとせず、いっさいタッチしない。それなら「すべて娘におまかせ」と信頼したり感謝したりしてくれてもいいはずなのに、母はそうやって娘に対して文句だけは言い続けるのだ。しかし、彗子はそんな母親を心から軽蔑したり無視したりもできない。

この家にやってきて三十数年、経済的に恵まれ、その気になれば時間を捻出することができ、しかも高齢でもない母が、なぜコンピュータからも英語からも逃げたのか、彗子はその努力を放棄した姿勢に常に眉をひそめてきた。しかし今、そうした気力さえ喪失させた母の孤独感が、我がことのように理解され、胸苦しさを覚えた。

（前掲書「ミッション」）

そんな家庭に転機が訪れる。母は糖尿病性の腎不全となり、回復のためには生体腎移植を受けるしかない、と言われるのだ。父は「移植については、やるべきじゃない」とはっきり言い、彗子が自分がドナーになる可能性について口にすると、「子供にそんなことをさせたい親がどこにいる」と即座に否定する。

ところが、母にその話をしてみると、「あんたのだったら、一番いいね」と瞳を輝かせてあっさり同意する。さらに尋ねてみると、母は「娘以外の腎臓は移植を受ける気がない」「あんたのなら自分の体と同じだもの」などと言うのだ。

何の屈託もなく「自分の一部のようなものだもの」と言い切る母親に、彗子は激しい違和感を覚え、結婚して子どもがいる弟がドナーになるのはどうか、と言ってみると、母は「病気でもない体にメスを入れさせて、万一のことがあったら。だれがそんなことをさせたいものですか」と即答する。

このように、ノンママである娘は、ときに、とくに母親にとってはいつまでも「自分と一心同体」「自分の一部」と思われ、「介護は当然」どころか「臓器移植も当然」とまで思われてしまうのだ。

◯「あなたと私の人生は別」と言えなくて

母と娘との葛藤を赤裸々に描いた自伝的小説『放蕩記』の著者、小説家の村山由佳氏も子どもを持たない女性だ。二度の結婚を経ていまはシングルだが、恋人の存在は隠していない。

この本に関する著者インタビューで村山氏も、母との一体化を、このような作品を書かなければ断ち切れなかった、と述べている。

「私の中で解決がついていない問題をちゃんと作品を通して、通過儀礼のようにそこを通り過ぎないと、私は本当に人間としても、物書きとしても独り立ちできないんじゃないかしらって思って、それでこの『放蕩記』を書いた」と言うのだ。

しかし、母親の支配への批判になっているこの小説に対しては世間からの批判も多く、それを目にして逆に、「『あなた（母）と私の人生は別なのよ』と本当は言いたいのだけれど、あまりにも生理的に近い存在なので決別したくても、なかなかできない」とあらためて気づいた、と述べている。

ノンママが親、とくに母親から名実ともに解放されるのは、かくも困難なのだ。

孤独死、悪くないんじゃない？

40代、50代のシングル女性や、結婚していてもノンママである女性の葬儀に出かけると、列席者のあいだでよく「どんな最期だったか」という話になる。そのとき、いちばん「気の毒に」と言われるのは、家族にも友だちにも看取られないまま、部屋で、あるいは病院や外出先などでひとりで死を迎えなければならなかった場合だ。

しかし、日本には昔から「ぽっくり死」を願う習慣がある。高齢者が「ぽっくり寺」と呼ばれる寺に「ぽっくり祈願」に出かけることもある。よく考えれば、「もっと生かしてください」ではなくて「ぽっくり死なせてください」と参詣するというのも奇妙な話なのだが。

「このあいだまで元気だった人が、誰にも知られず突然、死んだ」という「孤独死」は、ある意味ではこの「ぽっくり死」に該当する。

「孤独死はイヤだが、ぽっくり死なら歓迎」などと言う人は、もしかすると「孤独」という言葉の否定的な響きに引っ張られているだけかもしれない。

それと比べると「ぽっくり死」は、言葉にユーモラスな響きがあって、「望ましい死に方」として多くの人に浸透している。「両者は同じことなのかもしれない。だとすると、孤独死もそう悪いものではないのでは」と、ちょっと見方を変えてみることが必要なのではないだろうか。

○亡くなるときくらい、まわりにやっかいになっていい

幸か不幸かはさておき、「孤独死」や「ぽっくり死」ではなく病院で最期のときを迎える場合、しばしば「延命治療を受けるかどうか」ということが問題になる。希望のない延命治療の中止をめぐって、家族や本人が合意した・しないでトラブルが起き、医師が逮捕や書類送検される「安楽死事件」も後を絶たない。

こういったトラブルが起きないようにするためには、意識があるうちに、自分は延命治療を受けるか、それとも「自然な死」やそれに近い死を望むか、について、きちんと意思表示しておくことが大切だと言われる。

ノンママの場合、この意思表示を子どもに伝えることができないので、どうしても夫などのパートナーに伝えるか、シングルならどこかに書き残しておくことになる。そして、そのことを「悲しすぎる」「切ない」と言う人もいる。「ぽっくり死」を願う人がいる一方で、子どもや孫に囲まれての「大往生」こそが理想と考える人も、まだまだ少なくないのだ。

また、ノンママの場合、「長く生きてきょうだいや友人に迷惑をかけてもいけないから」と考えて、延命治療を断ろうとするケースもある。しかし、これは臨床医として多くの人たちを診てきた私のあくまで個人的な意見なのだが、経済的問題が許す限り、延命措置や延命治療は十分にやったほうがいいと思う。もちろんどんな場合でも、本人の苦痛緩和は最優先して行われるべきで、それが身体的には負担となり、生命の長さを縮める結果になったとしても、いたし方ない。

ただ、「意識が回復する可能性もないのに、いたずらに生存させておくのは本人の尊厳を傷つけ、まわりにも迷惑をかけている」という考え方にとらわれすぎる必要はない。亡くなるときくらい、まわりに存分にやっかいになってもいいのではないだろうか。それはママでもノンママでも同じはずだ。

しかも、ママであれば、いつもはしっかりしていた自分が意識を混濁させてわけのわからないことを口走ったり、様相が変わったり失禁したりするのを子どもや孫に見せたくない、という気持ちはわかる。ママたちが「〝生き恥〟をさらすくらいなら死んだほうがいい」などと考えてしまってもおかしくはない。

しかし、ノンママは逆に子どもや孫をがっかりさせる心配もない。何もおそれることはない。状況が許すならば、存分に治療を受けることもできるはずなのだ。

「望ましい死に方」なんてわからない

いくら自己決定したいと思っても、ままならないのが自分の死である。しかも、生が終わるその瞬間、「ああ、終末医療も自分の思い通りにしてもらえた」と安堵したとしても、その〝自分の思い通り〟というものじたいが、あてになるのかどうかわからない。つまり、「どう死にたいか」など自分ではわからないし、決められるものでもない。とくにノンママは、子どもに思いを伝えておくこともできなければ、子どもが葬儀をデザインしてくれることもない。

しかし、よく考えてみよう。死まで自分の意思でコントロールしたい、できるはず、と思ってしまうことは、よく考えればかなり傲慢なのではないだろうか。

とくにノンママは、「立つ鳥跡を濁さず」と思うあまり、自分の力だけで死や葬儀をコントロールしようとしすぎているのではないか。自分の死や葬儀に関して「こうしたいな」とあれこれ空想することはできるが、いざとなれば「なるようにしかならない」面は少なくない。

また、終末期にあって意思の疎通もままならない人を介護、看護する家族や友人も、「この人はどういう医療を望んでいるのか」と考えすぎないことだ。たとえ意識があって言葉を話せたとしても、そこで語られる「望ましい死に方」が、その人の本当に本当の気持ちなのかどうかは、繰り返すようだが本人でさえわからないからだ。「あれがベストだったかどうかはわからないが、まあ、悪くはなかったんじゃないか」とまわりの人が自分たちを納得させることができれば、それでよいのではないだろうか。

さらに、「孤独死」や事故などの不本意な形で親しい誰か（とくにノンママ）を失ってしまった人たちにも、「悲しむのはよいが、ああすればよかった、こうしていれば、と自分を責めるな」と言いたい。

先に述べたように、自ら「ぽっくり死」を祈願して寺参りを続ける人たちさえいるのだ。「ぽっくり逝けて本望だろう」とまで思う必要もないが、「孤独死＝悪い死」と考えすぎて、その人の思い出を「結局はかわいそうな死に方をした人」などとまとめてしまうのは、お互いにとって幸せなことではない。たとえ悲惨な死を遂げたとしても、「（死に方はさておき）明るくて個性的な人」と、その人生の最期の部分はカッコに入れてもいいはずだ。

もちろん、必要以上に「孤独死」を肯定する必要もない。私の知人の先輩ノンママの中に、かねてから「野生の動物は自分の死期が近づくとジャングルの奥に入っていき、自ら『孤独死』を選択する。私もかくありたいものだ」などと言っていた人がいた。しかし彼女は結局、認知症になって縁戚の女性の全面的なケアを受け、高齢者施設でも多くの職員の世話になって、そこで穏やかな最期を迎えた。「バタッと倒れてひとりで死ぬ」というのとは、ずいぶん違っていた。

「孤独死」は決して「悪い死」ではない。かといって、理想化して「ひとりで死ぬのが本望」と思い詰めるのも、かえって痛々しい。ノンママと「孤独死」とのつき合い方としては、「それほどうれしいものじゃないけど、そうなったらそうなったかな」くらいでいいのではないか。生まれてくる状況を自分では選べないのと同じように、自分の死も完全にはコントロールできないものなのである。

○「野垂れ死に」もタダではない

このように、「死」に関しては、最終的には〝おまかせ〟にするしかない、というより、

〝おまかせ〟にしておいてそのことを思い煩うエネルギーをほかに回したほうがいい、と言える。だが、「葬儀」となると、また話は別だ。

文芸評論の枠を超えて活躍する斎藤美奈子さんの『冠婚葬祭のひみつ』（岩波新書、2006年）の「葬送のこれから」という章にも、こう書かれている。

近年、「生前から死の準備をしておけ」という声をよく聞くようになった、たしかに結婚式とちがい、「何もしない」ではすまないのが人の死ってやつなのだ。

この章には「野垂れ死に」の仕方まで書かれているのだが、東京新聞の連載「孤独死を追う」にもあったように、これほど後始末に困る社会的迷惑もない。本当に「野垂れ死に」をしてしまい、身元不明の遺体ということになると、発見された場所の自治体が引き取り、火葬、納骨、捜査などを行わなければならない。「どこかでパタッと倒れていても放っておいてくれ」と言ったところで、21世紀の日本ではそうもいかない。そして、〝遺体処理〟にかかる一連の費用には死亡者の所持金をあてるのだが、それでも足りない部分は自治体が負担する。

「〈野垂れ死に〉もタダではない」と斎藤さんは言い、万一の事故に備えて身元が確認できるものを常に身につけておくようにとすすめる。そして、「それでも『野垂れ死に』したい？　それならせめて火葬費用相当の現金（二〇万円くらいね）をポケットに入れて死になはれ」と、アドバイスしてくれているのである。

とくにひとり暮らしのノンママの場合は、いくら自宅住所や電話番号がわかったところで、警察や病院がそこに電話をしても誰かが出るわけではない。「万が一のときはこの人に」「自宅のどこそこにあるノートを見て」などと、〝次の指示〟を書いたメモも携帯したほうが親切というものだ。

「でも、連絡を受けてすぐに動いてくれるような友人も親族もいない」という人もいるだろう。現在の時点では、そういう人は、「発見者とか自治体に迷惑をかけることになるかもしれないが、なるようにしかならない」と、ここでも〝おまかせ〟の精神で開き直るしかない。だが最近は、身内でも友人でもない組織が対応してくれるシステムが、少しずつではあるがつくられつつある。

ノンフィクション作家の松原惇子さんは、コレクティブハウス（家族でない他人どうしが家事や育児などを分担し、共同で生活する集合住宅）に関しては断念せざるをえなかったが、かわりに1998年に、「NPO法人SSSネットワーク」を立ち上げた。このネットワークはいまでも活発に活動を続けている。

SSSという名称には、「Sスマイル　Sシングル　Sシニアライフ　個として笑いながら最後まで安心して生きる」という意味が込められているそうである。現在、もっとも力を入れているのは「女性のための共同墓」と〝おひとりさま〟のための葬送サービス「SSS直葬プラン」だが、「災害セイフティネット」「ひとり安心ダイヤル」など、ひとり暮らしの女性が万が一のときに連絡をすれば手を貸してくれるネットワークづくりにも取り組んでいる。

○「私らしいお別れ」は空想することに意義がある

とはいえ、「何でも成り行きまかせ」というのも無責任だ。決めてくれる子どもがいないノンママが自分で考えておかなければならないことのひとつに、どのような葬儀にするかということがある。

これに関しては、書店に行けば葬儀本と言われる本が山のようにあるし、インターネットで検索すればこれまた山のようにある葬儀社が、「あなたらしい旅立ちのお手伝いをいたします」などと銘打って、情報を提供している。それらをさっと見て、「葬儀はするのかどうか」「するなら葬儀社はどこにするか」だけを決め、後は「葬儀の場所、宗教、遺影、音楽」などをメモしておけば、だいたいは何とかなるはずだ。

最近は葬儀の世界も多様化し、「自由葬」「自然葬」など、お仕着せの葬儀ではない〝自分らしい葬儀〟が流行のようだ。

だが、それをするには、生前からかなりの準備と手配をしておかなければならない。また、「私のお葬式はどんな形にしましょう。森の中、小鳥のさえずりが聞こえる小さなホールで、親しい友人に集まってもらって、ドビュッシーの音楽を流して……」と考えるのは、「その葬儀を自分もどこかから見ている」という前提があってのこと、という気がする。

「自殺したい」と言う中学生や高校生のカウンセリングをしていると、「自分をいじめたやつらが葬式に来て泣きわめく姿を見たいから」とその動機を語ることがあるが、これは「自分の葬儀を見ることができるはず」という、未熟でロマンチックな死生観に基づいている。

「うーん、でもさ、自分のお葬式のあいだって、天国へ行く手続きとかで意外と忙しくて、見逃すかもしれないじゃない。だったら損だし、いまのうちにどんなお葬式になりそうか、ちょっと考えてみようよ」と促すと、「そうか。えーと葬式に来るのはあの先生とあの子と……」などと活発に語り始め、「……でさ、あいつらがオレのお棺にすがって〝許してくれ〟と泣くわけだよ」というところまで想像が行きつくと、たいていの場合はかなり気持ちが落ち着いている。

それと同じで、「私らしいお別れ」も生前、十分にその様子を想像することに意義があるのではないだろうか。身も蓋もない言い方だが、実際に死んでしまえば、その葬儀に来た人が「いやあ、すばらしい集いですね」と感心するのも、「何、この会？ 葬式にパンクロックっておかしくない？」とあきれているのも、惜しいことだが見ることができないかもしれない。

実際にどういう葬儀になるかではなくて、どんな葬儀にしたいかを思い切り空想することに意義がある。だから、「葬儀の手順を早く遺言に書かなくては」とあせらずに、そうしたい気分のときに紅茶でも飲みながら、「この音楽はどう？ 旅立ちの装束はこんな感じで」と考えればそれで十分、ということだ。それが実際には実行されずに、葬儀社が手配するお仕着せ葬になってしまったところで、気にする必要はないではないか。

ただひとつだけ、ノンママの場合、パートナーがいなかったり先立っていたりして、「葬儀の段取りをどうしても身内にやってもらいたくない」「喪主になってくれる親族がいない」という場合もあろう。そういう場合は、心を決めて、「喪主は友人の○○さんにお願いします」と、法的拘束力を持った委任契約を生前にしておく必要がある。

そうでなければ、「死後のことは家族や親族がするものとして社会のシステムができ上がっている現在の日本」では、いくら個人の生前の意思があったとしても第三者よりも遠い親族の意見のほうが優先されてしまう。

ただ、ノンママやシングルはこれから増えることはあっても、減ることはない。将来的にひとり暮らしの高齢者が激増することはわかり切っているのだから、こういった制度は本来ならば行政先導で整えられなければならないはずだ。

ところが、親族以外の人がかかわる葬儀や死後はいまだに政策の対象にすらなっていない。ここに大きな問題がある。介護事業のように〝悪徳業者〟が出てくる前に、ひとりでも安心してこの世を旅立てるシステムが一刻も早く講じられるよう、ノンママたちも声を上げる必要があるだろう。

第7章

誰もが当事者——保育園落ちたの私だ！

すべての女性たち、連帯しよう

「スーパーボウル」は、アメリカのプロアメリカンフットボールリーグであるＮＦＬの優勝決定戦の名称だ。テレビ中継の視聴率は毎年50％近く、その年の最高視聴率番組となり続けている。

前半と後半のあいだに行われるハーフタイムショーに出演するアーティストの豪華さも有名で、これまでマイケル・ジャクソン、マドンナ、ポール・マッカートニーら世界を代表するアーティストがパフォーマンスを披露してきた。

２０１６年のスーパーボウルの第50回大会は、２月７日の午後（現地時間）に開催され、ハーフタイムショーの出演者はコールドプレイ、ブルーノ・マーズ、そして女性シンガーのビヨンセだった。

ビヨンセは、その前日にリリースしたばかりの新曲「フォーメーション」をライブで歌った。この新曲のミュージック・ビデオも同じく前日に発表されたのだが、その内容は人種差別に対する痛烈な批判となっており、大きな話題を呼んでいた。

ミュージック・ビデオは歌詞にも登場するニュー・オーリンズで撮影されたのだが、水没したパトカーの上に横たわるビヨンセと、壁に書かれた「私たちを撃つのをやめろ（Stop shooting us）」という落書きが映し出される。これは明らかにその地で起きた白人警察官による黒人青年の射殺事件をイメージしたものだろう。また別のシーンでは、黒人差別と闘い続けたキング牧師の写真と「The Truth（真実）」という名前の新聞を掲げた男性が出てくる。

ビデオはこのように非常に強い社会的メッセージを伝えるものなのだが、楽曲はポップなダンスミュージックとなっている。そして、そのサビでビヨンセはこう歌うのだ。

「Okay, ladies, now let's get in formation（さあ、レディーたち、いまこそフォーメーションを組んでいこう）」

ビヨンセは、これまでも歌詞で女性差別に抗議してきたことがあった。だからおそらく、ここで呼びかけられている「Ladies」は特定の女性――年齢、職業、子どもがいる、子どもがいないなど――と関係なく、「すべての女性たち」を指していると思われる。ビヨンセはおそらく、「すべての女性たち、いまこそフォーメーションをつくってともに不当な世の中と闘おう」と呼びかけているのだろう。

別の角度から考えれば、いまの世の中には問題が山積みで、女性どうしが「子どもがいない人にはわからない」とか、「子どもがいるからといってノンママを差別するなんて」と仲間割れしている場合じゃない、ということをビヨンセは訴えようとしているのかもしれない。

実は、こういった連帯を訴える人は、日本にもいる。

ファシズムに抗うには「愛の連帯」を

歌手の美輪明宏氏は「産めよ増やせよ」が国策として行われた戦時中に少年時代を送り、戦後、東京のクラブに出入りするようになってからも同性愛者がいまだに「国賊」として非難されるのを見て、強い憤りを覚えたという。そして、部落解放の歌などメッセージ性の強い楽曲をつくるようになったと自著で述べている。また美輪氏は、立場を超えた愛や連帯も強く支持している。

美輪氏がたびたび自分の舞台などで楽曲を取り上げるシャンソン歌手エディット・ピアフは、晩年、20歳年下の男性テオ・サラポと恋仲になった。アルコールや麻薬づけになって入院していたピアフのもとに現れたサラポ青年は、彼女を心から愛し尽くして健康を取り戻させ、歌手としても再生させたという。

しかしこのふたりの物語は、最初は決して〝美談〟として受け入れられたわけではなかった、と美輪氏は言う。

パリの人たちはおしゃれで寛大ですので、年上の彼女が年下の彼と結ばれたときに祝福してくれた人がほとんどでしたが、一方、あちらは非常に禁欲的なキリスト教社会でもあり、愛にいろいろな権力が介入する場合がある。あんな年下の子どもを騙すなんて、なんて淫らで不道徳な女だ、という非難の声もあったのです。

（『ＮＨＫ人間講座 人生・愛と美の法則』日本放送出版協会、２００５年）

こういった型にはまった見方やそれに基づく非難に、美輪氏は断固として抗議する。前掲書からその部分を引用しよう。

男も人間なら女も人間。だとすれば、男が女を愛しても、女が男を愛しても、男が男を愛しても、女が女を愛しても、人間が人間を愛しているという図式に変わりがない。それなのに、自分たちと性癖や好みや趣味が違うというだけで、人を蔑視したり差別する。これは傲慢以外のなにものでもない。まるでファシズムです。独裁者です。

ファシズムに抗うためには「愛の連帯」しかないのだ、というのが美輪氏の主張のようだ。ここで取り上げたのは恋愛関係に基づく「愛の連帯」だが、それを「女と女の連帯」やそれ以外まで広げているのが、ビヨンセのフォーメーションだと考えることもできる。

男性も声を上げた「# 保育園落ちたの私だ」

そして、日本の社会でも実際に、これに近いことが起きた。

いまの日本の大きな問題に、「保育園の待機児童」がある。認可保育園の絶対数や定員が入園希望者に対して少ないため、入園を断られて空きを待つ、いわゆる待機児童となるケースが少なくない。その数、全国で4万人以上とも言われる。

わが子が保育園に入園できないとどうなるのか。多くの場合、母親は仕事に行くことができず、育児休暇を延長したり復職をあきらめたりせざるをえないことになる。

また、保育園に子どもを預けたいのは働く母親だけではない。たとえば精神科の診察室では、親が病気のため、子どもを一日中、世話するのがむずかしいというケースがよくあるが、この場合、入園の優先順位はかなり低い。私も申込みの際に出す書類に添える診断書の作成を依頼されることがあるのだが、結局、入園がかなわなかったという話を聞くことは多い。

うつ病などで自分ひとりさえ持て余し、ようやくの思いで子どもの食事の支度などをしても、子どもにほとんど声がけさえできない母親もいる。「親のためにも子どものためにも、せめて日中は保育園に預けられればいいのに」と誰もが思うはずだがそれがかなわない、という現実が実際にあるのだ。

そんな中、２０１６年2月、子どもの保育園への入園を断られた母親が、「保育園落ちた日本死ね!!!」と題したブログを書いた。本文には、「何なんだよ日本。1億総活躍社会じゃねーのかよ。昨日見事に保育園落ちたわ。どうすんだよ私活躍出来ねーじゃねーか」と強い口調で抗議の言葉が続く。

国会で民進党議員がこれを取り上げ、「言葉は荒っぽいが、本音、本質だ」と、保育園の待機児童解消や保育士の待遇改善を安倍首相に迫ったところ、議員席から「誰が書いたんだよ」などのヤジが飛んだ。安倍首相自身は答弁の中で、待機児童の問題は重大であることを認めながらも、「匿名である以上、実際起こっているか確認しようがない」と述べた。

これを受けてツイッターで、ある動きが広がった。「#保育園落ちたの私だ」というハッシュタグをつけて、多くの人が、保育園に入園できなかった自分の経験や、知り合いから聞いた経験など、さまざま意見を述べ始めたのだ。

注目すべきは、このハッシュタグをつけて意見を語る人の中には、この問題の当事者でない人が含まれていたことだ。「私は子どもを保育園に預けることができましたが」という人もいれば、「まだ結婚していませんが」とか、「私の子どもはもう成人しましたが」という女性もいた。さらには子どもを持つ男性、また子どもを持たない男性までもが同じハッシュタグをつけてこの問題を語っていた。

ここにあるのは、「保育園落ちた」は「特定の誰かのクレーム」ではなく、「社会全体の問題だ」という意識だ。その中には当然、「子どものいない女性」も含まれている。

彼女たちも「保育園のことなんか子どものいない自分にはわからないから」とか、「保育園のことを騒いでいる人たちは子どもを持たない女性の気持ちなんてどうでもいい、と思ってるんだろうな」などと個人の問題としてのみとらえるのをやめて、「これは私自身の問題ではないけれど、私が住むこの日本の深刻な問題だ」と考え、さらに「日本の問題であるからには私自身の問題だ」と、広い意味での当事者意識を持ち始めているのだ。

独身でも子どもがいなくても国会前へ

私は実際に、そういう女性のひとりから話を聞くことができた。彼女は40代で、結婚もしておらず子どももいない。これまで保育園問題を真剣に考えたことはなかったが、ブログを目にしてこの問題について実情を知り、それに対する政治家たちの対応に怒りを覚えたという。

そして、ツイッターで「国会前で訴えましょう」と誰かが呼びかけているのを見て、「保育園落ちたの私だ」という紙のプラカードをつくって、それを持って国会前のスタンドアップ（集まった人がプラカードをそれぞれ掲げるという、シュプレヒコールをするようなデモより静かな抗議行動）に出かけたという。

「行ったら誰もいないかな、と思いましたが、何十人か、けっこう集まってました。子どもも連れのママも少なくなかったけど、もしかしてあの人も私と同じように子どももいないんじゃないかな、という感じの女性もいたし、シニアの男性もいました。そこにいた人たちと〝ひどいですよね〟などと自然に言葉を交わしましたが、誰も私に〝あなたお子さんは何歳ですか〟なんて言う人はいなかった。もちろん、職場でときどきあるように、〝子どものいない人にはわからない〟なんて言う人は誰もいなかったですよ。場違いかもしれないけど、とっても楽しかったです」

3・11後の市民運動の中でときどき使われるスローガンに、「"Stand up for somebody"(誰かのために立ち上がろう)」というのがある。「誰か困っている人を見かけたら、もしそのことで自分自身が困っていなくても声を上げ、行動に移そう」という意味だ。

私は、ネット上で「＃保育園落ちたの私だ」と立場に関係なく誰もが語り出したり、先の女性のように狭い意味での当事者ではなくても行動に移したりする人がいるのを見て、「もしかすると日本の社会も本当の意味で変わってきたのではないか」と感じた。

「国に貢献したい。からだの限界が来るまで産みます」

これからは、ビヨンセが呼びかけるように、日本の女性たちも自分の立場とか子どものあるなしに関係なく、ともにフォーメーションを組み、社会の問題に立ち向かえるのであろうか。

しかし、話はそう簡単ではない。

２０１６年5月1日、トークバラエティ番組『ワイドナショー』（フジテレビ系）に安倍首相がゲストとして出演した。その回は生放送ではなく収録で、4月17日に放送予定だったが、熊本地震の報道特番を放送するために延期されたのだ。

番組中、先の保育園問題が話題となると、安倍首相は「待機児童がゼロになるように3年間で30万人分の保育の受け皿をつくってきました」と説明した。そして、「子どもは国の宝ですから」「少子化対策は大きな課題。これはみんなの課題です」と、少子化対策への取り組みを強調したのだ。

スタジオには、人気アイドルグループ「ＨＫＴ48」の指原莉乃さんもいた。指原さんは

23歳、シングルの女性だ。司会の松本人志さんから「指原は何人くらい子どもをつくろうとしてるの？」と質問された指原さんは、こう答えたのだ。

「産めれば産めるほど産みますよ。国に貢献したい。からだの限界が来るまで産みます。いまの安倍さんの話を聞いて、私もちゃんと子どもを産んで、しっかりお母さんにならなきゃと思いました」

安倍首相は、そんな指原さんに笑顔でうなずきながら、「かつ仕事もね」と言い足し、指原さんは「はい、しっかり仕事もします」と答えた。

これでは、「女性の意義は子どもを産んで国に貢献すること」と言っているのと同じだ。同時に「子どものいない女性は何も貢献できていない」と否定しているようにも思われる。これは、先ほどの〝フォーメーション〟から大きく後退したどころか、再び〝仲間割れ〟を招きかねない発言と言えるのではないだろうか。

しかも、この〝仲間割れ〟の背後には、国の政策や方針がかかわっているように見えるところが、問題をさらに深くしている。

○「女の仲間割れ」の背後にある価値観

もちろん、国が後ろにある「女の仲間割れ」は、いまに始まったことではない。日本の結婚制度を、明治期に唱導された一夫一婦制の歴史をひもとく形で説いた社会学者・加藤秀一氏の『〈恋愛結婚〉は何をもたらしたか』(ちくま新書、2004年)にも、「女の仲間割れ」が著者自身の目撃談として描かれている。引用してみよう。

それは八〇年代前半のある昼下がり、「愛人バンク」経営で一世を風靡した筒見待子がTVのワイドショーで「主婦だって専業売春婦のようなものだ」と言い放ったときのことだ。その瞬間、スタジオの壁の花として並んでいたオバサンたちが怒りで騒然となった光景を、ぼくはよく覚えている。まだ大学生で、ジェンダーの問題についても自分なりに考えはじめたばかりだった当時のぼくは、その剥き出しの悪意にうろたえ、何か不安になったものだ。別に愛人バンクが良いものだと思ったわけではない。そうではなくて、家庭という縄張りに柵を張りめぐらせ、その外側にいる女を見下げることで自分の価値を正当化しようとする彼女たちの心性に恐怖を感じたのだ。

ここでも見るべきは、「格付け」をして「あなたは下のくせに」と思うことで、かろうじて自分の安全を確認するしかない、という主婦側に巣食う不安だと思うが、まだ若かった著者は、ただただ「恐怖を感じ」るしかなかったのだろう。

その後、社会学者となった加藤氏は、この主婦たちの自己正当化の心性は、娼婦を蔑視した廃娼運動家のそれを継ぐと言い、それがある種の伝統的な反応であることを指摘する。では、伝統ということは日本に古くからあった、ということか。もちろん、それは違う。昭和の時代になっても、本妻のほかに別宅を持つ男性もいれば公娼制度に基づく花街もあったことは誰もが知っている。ただ、明治になってから福沢諭吉などの先導もあり、日本が一夫一婦制の国に向かおうとしていたことはたしかだ。

加藤氏は、主婦たちがあれほどまでに自分と「愛人」とのあいだの線引きにこだわったのは、彼女たちに「愛＝結婚＝家庭」「結婚＝幸福」という「イデオロギー」が刷り込まれていたからではないか、と言う。そして、その「愛に基づく結婚による幸福な家庭」という特定の生活形態だけを規範的に正しいものとして、そこから逸脱する人びとを激しく蔑視する。

そこからは、「結婚だけが幸福ではない」「家庭を築くことだけが幸福ではない」といった想像は、完全に欠落している。本当は、主婦たちも、「結婚だけが正しい」という規範は、「男の性的放縦には寛容で、女性にのみ貞淑を強いる」という側面を持つダブルスタンダードであることに薄々気づきながら。これこそまさに近代日本社会の「イデオロギー」ではないか、と加藤氏は考えるのだ。

「結婚の幸福」の先の「社会の安定」「国家の進歩」

では、なぜ「愛＝結婚＝家庭」というイデオロギーが、近代日本で急速に広まったのか。加藤氏は、明治以降、一夫一婦制を日本社会に導入し、定着させようと尽力してきた人たちの歩みや発言を丹念に追いながら、「幸福な結婚」の普及にはある大きな目論見が隠されていたことに気づく。

結婚の幸福。それは一夫一婦が仲むつまじく、「善良な子供」に恵まれた家庭をつくることである。しかしそれは誰にでも可能というわけではない。遺伝的に優良な体質を持ち、それを子孫に伝えられる男女だけが、「幸福」を得ることができるのである。

そして、そのような「幸福」は、たとえ当人たちが意識していようといまいと、日本という国家の生産的な基盤となることにつながっている。

もちろん、一夫一婦制じたいは欧米のキリスト教的な結婚観、家庭観の輸入なのだが、明治期にはそれと同時に進化論や遺伝学も紹介された。

「遺伝的な優等・劣等」は、結婚・家庭から生み出される「子孫という生産物」に反映される。ならば、その質を向上させるよう、遺伝的に優等だとはっきりしている男女だけが生殖を行うべきだ。

明治期には、国策にかかわる思想家や学者たちが、堂々とそう述べているのである。これこそが最新の科学と欧米風道徳を取り入れた進歩的な結婚だ、と当時は真剣に信じられていたのだろう。

そして、「優秀な子孫のためにも身元のしっかりした男女が結婚を」といった「イデオロギー」を主張したのは、明治期の思想家たちだけではない。いまでは女性解放運動のシンボルとして知られる平塚らいてうだが、実は彼女が謳う「女性保護」の先に目指されていたのは、「社会の安定」「国家の進歩」だったのではないか、と、加藤氏は平塚の次のような発言を引用しながら解き明かしていく。

元来母は生命の源泉であって、婦人は母たることによって個人的存在の域を脱して社会的な、国家的な存在者となるものでありますから、母を保護することは婦人一個の幸福のために必要なばかりでなく、その子供を通じて、全社会の幸福のため、全人類の将来のために必要なことなのであります。

羽田澄子監督の映画『平塚らいてうの生涯　元始、女性は太陽であった』などで「女たちはみな一人ひとり天才である」と宣言する平塚のイメージと、加藤氏が引く「母は国家的な存在者」といった発言には、ギャップを感じずにはいられない。

◯お国のための恋愛、結婚、出産？

実はそもそも平塚が母性保護主義的な一連の発言を行ったのは、それに先立って与謝野晶子が「妊娠分娩期の婦人が国家に向かって保護を要求するのは、国家への『寄食』であり『依頼主義』だ」と述べたことに対する反論だった。

与謝野晶子は、「母や子供を守ろう」という一見真っ当に思える平塚の主張の背後に「国家主義」の影がちらつくのを見逃さず、「何たる恐ろしい発言でせう。子供は子供自身のものです。平塚さんのように『社会のもの、国家のもの』とは決して考えません」とさらに応じている。

与謝野は、母親や子どもが社会的に保護されることを「恐ろしい」と感じたのではない。恋愛、結婚、そして出産という、本来はもっともプライベートな領域に属するデリケートなできごとが、いつのまにか「社会のため」「国のため」に必要なのだ、とすり替えられること、それを直観的に「恐ろしい」と感じているのであろう。

そしてこの感覚は、「晩婚化問題」「少子化問題」が、外交問題や年金問題とまったく同じ次元で政治家や識者たちによって論じられるのを見て、いま私たちが覚える違和感とも通じているのではないか。

親密な友だちどうしで、「恋人できた？」「結婚って考えたこと、ある？」とひそひそ声で話すのはとても楽しい。それが「結婚はどうなの？　お父さんも定年が近いし、そろそろ決めてもらわないと」と母親から言われると、決まり悪さや「放っておいてよ！」という腹立たしさを覚える。本来は「自分だけのひそかな問題」であるはずの恋愛や結婚が、突然、社会性を帯びたことが、戸惑いや恐怖を生むからだ。

そのうち、家庭だけでなく職場でも「そろそろ結婚は？」といった話題が繰り返し語られるようになると、次第に「そうか、結婚って社会的なものなんだな」と、そのような考え方になれ、親戚や上司を招いての豪華な披露宴にも抵抗がなくなるのだろうか。

もちろん、その〝なれ〟が生じることじたいに抵抗し、いつまでも「結婚は私がしたいときにするんだから！　上司にあれこれ言われる筋合いはない！」と結婚の社会性を受け入れるのを拒んで独身を続ける人、「私の結婚は国家や制度とは関係ない」と届け出を行わない、いわゆる事実婚のカップルも増加している。

晩婚・少子化は対策を講じるほど進む？

この「社会化された結婚」という考え方とどこで折り合いをつけるのか。そのことが、「結婚するか、しないか」を決定しているのではないかと思うが、それにしても現在のところ、私たちが結婚の決定に関して考慮できる「社会」とは、せいぜい「親や親戚、職場」程度であろう。それを超えた「社会」が自分の結婚問題に介入してくると、多くの人は抵抗を感じるはずだ。

たとえば、最初の章で「自治体が主導するお見合いシステム」について紹介した。2015年こそ、出生率は若干上昇したが、関係者が期待しているほどの成果につながっていないのも、そのあたりに原因があるかもしれない。

親戚のおじさんに「おまえ、そろそろ身を固めたらどうなんだ?」と言われれば、「うるさいな」とは思いながらも一方で「まあ、おじさんも悪気があって言ってるわけじゃないんだし」と受容する気にならないこともないだろう。

しかし、県の職員が家庭訪問をしてきて「そろそろご結婚はいかがでしょうか」と言ったとしたら、個人の自由や尊厳が激しく侵害されたような気になり、「私が結婚しようとしまいと、あなたには関係ないじゃないですか！」と声を荒らげてしまう……それと同じことだ。

その「社会」がさらに広がって国のレベルにまでなったら、与謝野晶子のように「何たる恐ろしい発言でせう」と直観的に恐怖を感じ、抵抗する人がますます増えても不思議はない。しかも、そこに平塚の別の発言「よき子供を産み、よく育てる」にもある「よき子供」という優生学的な発想が加わっているとなると、「恐ろしさ」はさらに倍増するはずだ。

いま「結婚って……何だかコワい」と尻込みしている人の中には、結婚や出産が「国の対策」つまり国策として声高に論じられていることへの恐怖心が、結婚そのものへの抵抗や不安に結びついている例も、少なくないのではないか。しかも、この人たちは与謝野晶子のようにその恐怖心の源をしっかり自覚しているわけではないから、まさか自分は「国策としての結婚がコワい」のだとは思わず、「選んでくれる相手がいないから結婚できないんだな」などと思い込んでいる。

この、ある種の鋭敏すぎる感覚のアンテナを持った人たちは、政府が「晩婚化対策」

「少子化対策」といった単語を頻繁に持ち出し、次々と策を講じれば講じるほど、何とも言えない「恐ろしさ」を感じることになる。そして結果的には、結婚離れがいっそう進むことになるだろう。

国から言われると思考停止してしまう不思議

だが、国家的レベルの結婚対策には、逆効果とばかり言い切れない面もある。

その理由はふたつある。ひとつは、「社会化された結婚」も国のレベルにまでなると、広がりすぎて逆に目につかなくなり、「恐ろしさ」が薄れるかもしれないから、ということだ。

市役所や県庁が自分の結婚に関して口出しをするのには抵抗を感じる人も、国全体の法律、憲法となると、何となく自分には直接、関係ないという気になり、すんなり受け入れてしまうかもしれない。

やや極端な例だが、「犯罪を犯して精神鑑定の結果、責任能力なしとなった場合、再犯のおそれがなくなるまで入院加療を続ける」という「心神喪失者等医療観察法」が200

3年に成立したとき、世論は「危険な人たちが野放しになるのを防ぐ法律だ」と歓迎した。

ところが、その法律の施行に向けて該当者を収容する施設を全国につくる段になると、建設予定地となった地域のほとんどで反対運動が起きたのである。これなど、「国策としては賛成したものの、具体的に自分の身に降りかかってはじめて問題に気づく」という例の典型だ。

同じ国策とはいえ、結婚対策と犯罪対策を同列に論じることはできないが、「県のために結婚して『よき子供』を産んでくださいよ」と言われれば「何てこと言うのよ！」と怒る人も、「日本の発展のためにも少子化問題の解決は不可欠」と言われるとうなずいてしまう。

もちろん、どちらが本質的な影響力を持つか――与謝野の言葉を借りればどちらがより「恐ろしい」ことか――は、言うまでもないだろう。それにもかかわらず、「国家」「政府」のレベルになると、その方策に対して無関心になったり鈍感になったりする、思考停止となって想像力を失う、という不思議な傾向が私たちにはあるのだ。

それと、もうひとつ指摘しておきたいのは、そもそも「社会や国のために結婚を」と言われて「何と恐ろしい」と直観的に感じる感受性そのものが、すり減っているのではないか、ということだ。

だからこそ先ほどの指原さんのように、「からだの限界まで産む」といった発言がシングル女性の口から飛び出し、テレビの地上波で平気で流されるような事態になるのだ。

憲法の「男女平等規定」が見直される？

実は、女性が子どもを持つかどうか、という問題は憲法とも関係している。

最近、「改憲」と言えばもっぱら9条ばかりが話題になるが、その影に隠れるようにもうひとつの大きな変更が行われようとしている。「婚姻は両性の合意のみに基づいて成立し、夫婦は同等の権利を有し、婚姻・家族に関わる法律は個人の尊厳と両性の本質的な平等を立脚すべき」とあるいまの憲法の24条が見直されようとしているのだ。

自由民主党が２００４年６月15日にまとめた憲法改正のための「論点整理」には、こうある。

「婚姻・家族における両性平等の規定（現憲法24条）は、家族や共同体の価値を重視する観点から見直すべきである」

自民党は、この見直しのポイントは、児童・老親虐待といった問題が深刻化する中で、「家族」を社会の基礎単位と位置づけ、家族の責務をはっきりさせることにあり、両性平等までを見直そうとしているわけではない、と説明している。

しかしこれは、本来は国家がやるべきことまでも家族、とりわけ女性に押しつけようとする兆候ではないか、あるいは昔ながらのイエ制度に戻ろうとする動きではないか、と読み解く向きもある。

そして実際に、自民党がいま公表している日本国憲法改正草案の24条には、現行憲法にはないこんな項目が冒頭に加えられているのである。

第二十四条
家族は、社会の自然かつ基礎的な単位として、尊重される。家族は、互いに助け合わなければならない。

強制より怖いマインドコントロール

このように、本来はきわめてプライベートな問題、あるいはせいぜい家庭や職場の問題であるはずの恋愛や結婚、出産の問題は、歴史的にみても国家の方針と強く結びつきながら、あるときは表立って、あるときはひそかにコントロールされようとしてきた。

それでも、70年代以降は多くの国民が目覚め、「私の結婚、出産は国とは関係ない」という態度を取り続けてくることができた。それがここに来て、国のほうもあからさまに「結婚してください、出産してください」と強制に近いメッセージを発するようになってきた。

政府の少子化問題調査会は、2004年に発表した中間とりまとめで「結婚をし、家族を創り、子どもを産み育て愛くしむという価値観を、強制ではなく、社会で享有できる雰囲気を創りあげること」と言っているが、これが「さすがに強制はマズいから、みんながそういう気分になるような雰囲気づくりから入らなければならない」という意味であることは間違いない。

そして、イメージによって何となく「私も結婚して、出産しなきゃ」と思わせよう、というのは、一歩間違えば国家的なマインドコントロールにもなりうる。これが強制よりもさらに危険であることは、言うまでもないだろう。

さらに問題なのは、国が「国家のために」という大きな目的を持って晩婚対策、少子化対策を進めている中、先ほどの指原さんのように、若い人たちがすでに自主的にその方向に動き出しているということだ。彼女は決して、国の方針に自分を合わせようとして、「からだの限界まで産む」と言ったわけではないのだろう。しかし、だからこそより事態は深刻だと言える。

仲間割れ、嫉妬、競争から自由になろう

少なくともいまから10年前までは、「産まなくてもいい」という自由もあった。心理学者の柏木惠子氏は、女性誌の出産特集のインタビューで「堂々と産まない選択をしてもいいのだ」というような主旨の発言をしている。

子どもを産んで一人前、と言われた時代はもう終わりました。(中略)なのに仕事が楽しい、趣味に生きがいを感じている女性までもみんなが「女に生まれたからにはいつかは子どもを産もう」と刷り込みのように考えていることが私は心配です。(中略)いずれにしても、仕事も子育ても、「両手に花」こそ最高なんて思い込みなさるな、ということ。子どもがいないからといって欠損感、劣等感をもつ必要のない時代です。

(『COSMOPOLITAN』集英社、2005年4月号)

「仕事も大事だけれど、高齢出産にならないうちに何とかひとりは……」といったトーンでまとめられ、そのための働き方や産科の選び方などを紹介しているその特集の中では、きわめて異彩を放つコメントだった。

しかし、結局は結婚に関しても、これが「到達すべき結論」なのだと私も思う。つまり、結婚や出産をするかしないか、が問題なのではない。そうした人としない人がおかしな罪悪感や劣等感、敗北感を抱く状況、自分とは違う選択をしたどうしが〝仲間割れ〟を起こしたり、「私がこうしたかったわけじゃないのに」と選択の責任を親などの他者にかぶせたりする状況、さらにはそこに国家が介入してきてさらに罪悪感などをかき立てるような状況こそが、大きな問題なのだ。

私たちが目指すべきなのは、まさにビヨンセが言う〝フォーメーション〟が組める社会や、「保育園死ね」で一瞬、出現した「誰かのために立ち上がる社会」「誰もが当事者として考えられる社会」であるはずだ。

その前提のもとでなら、私たちはおかしな仲間割れ、嫉妬、競争などから解放された状態で、「私は産もうかな」「産むのはちょっとやめようかな」などと本当に自分の意思で選択できるだろう。そして、たとえどちらを選択したとしても、それで勝ち負けとか価値があるなしなどということが、決められることはないはずなのだ。

あとがき

本書を執筆しながら、何度も「どうして私はノンママなのかな」と考えた。

本文でも述べたが、私の世代（1960年代生まれ）のノンママ率は決して低くない。私のまわりでも、あのドクター、あの大学教員、あの編集者と、とくに選んでつき合っているわけではないが、同世代のノンママ率は非常に高い。

とはいえ、ノンママが女性の5割を上回ることはこの先もないだろう（万が一そんなことがあったらたいへんだが）。つまり、全体から見るとノンママはやはり少数派なのだ。

私は、「自分はよくも悪くも多数派」とずっと思ってきた。高度成長時代に少女期をすごし、そのときどきの流行に乗って習い事をしたり塾に通ったりし、それなりに勉強したのに大学受験には失敗して浪人、さらに第一志望には入学できずに私大に滑り込み。テクノポップが流行ればそれを聴き、「時代はクリスタル族」と言われればブランドのバッグのひとつも買ってみる……。そうやって常に世間に埋没して暮らしてきた、という自信がある。

それが、いつのまにかノンママという少数派に。

これはたいへん不思議なことだ。もちろん、これも本文で述べたように、私はもうひとつの流行、「男女雇用機会均等法第一世代」に乗って、そこでの多数派になったのかもしれない。「せっかく女性も仕事ができるようになったのだから、まずは結婚や出産より仕事で輝こう」というムードにそのまま流され、20代後半から30代を、何も考えずにすごした。恋愛はそれなりにしたが、「このまま結婚して子どもも」といった方向にはなかなか頭が向かない。

相手にはたいへん失礼な話だが、もう時効だと思うので書こう。

30代前半で当時、遠距離恋愛で交際していた男性と「そろそろ結婚」という話が出て、相手の両親に会ったことがあった。堅実な家庭の誠実な両親だったが、何かのはずみでその父親がこうつぶやいたのを聞いて、私は「うれしい」より「おそろしい」と思ってしまったのだ。

「孫ができていっしょに写真を撮るのが楽しみですよ」

その男性とは「子どもはいつ頃、何人くらい」などと話していたわけではなかったし、私もちょうど医師としての仕事が多忙をきわめている時期で、「出産などとてもとても」という感じだった。

結婚の話が出ている30代半ばで「子どものことは眼中にない」という時点で、すでにかなりのノンママ度と言えるのだが、とにかく「孫が楽しみ」という言葉は私を暗い気持ちにした。いま思い出すと、「私はあなたの孫を産むために結婚するわけじゃない」「私の仕事の都合はいっさい考えないわけ？　おたくの息子は子どもができてもそのまま仕事が続けられるけど、私はそうはいかないのに」など、とにかく私という人間が軽んじられた気がしてしまったのだ。

結局、ほかの理由もあってその男性とは別れたのだが、いまいちばん鮮明に覚えているのは、本人より父親の、その「孫」という言葉だ。

こう言うと、「自己中心的な人間がノンママになるのだ」と言われるのだろうか。子どもを持つのは人間としての大切な営みなのに、すぐに「私という人間の尊厳は？」「私の仕事はどうなるの？」と自分、自分でしかものを考えられない。それがノンママだ、と。

でも、女性が、というより人間が自己中心的でどこが悪いのだろうか。

なぜ、女性であれば必ず、「私の人格、仕事なんてどうなってもいいから子ども優先で」と、自己犠牲的な生き方をしなければならないのか。あるいは、子どもがいる女性が、「やっぱり子どもより自分が大切」などと思うのは、絶対に許されないのだろうか。さらに「いちばんが自分、次は夫（や彼氏）、子どもはその次」などと言おうものなら、「人間として失格だ」などとバッシングされてしまうしかないのだろうか。

いつだったか、離婚してシングルマザーとして子育てをしていたタレントが、めでたく再婚するということで、芸能リポーターに囲まれている映像をテレビで見たことがあった。その女性タレントは何度も、「私にとって最優先は子ども、という中で交際をスタートさせた」「彼も子どもを大切にしてくれる人なので好きになった」「子どもも新しいお父さんがほしいと言ったのが決め手」など、すべてに「子ども」を関係させて話しているのが気になった。

もちろん、テレビカメラの前の演技も入っているのかもしれないが、もし私がこの女性の再婚相手なら、「オレ自身が好きになったんじゃなくて、子どもの父親がほしかっただけか」と、気を悪くするのではないだろうか。

しかし実際には、その女性の再婚は視聴者からはたいへんに祝福され、タレントとしての好感度も一気に上昇したと聞いた。テレビの視聴者の多くを占めるのは「子育て中の女性」と言われるから、いわゆるママたちからすれば、「自分の恋愛より子ども優先」というのは当然のことなのだ。もし、そのタレントが「子どもを母に預けて彼とデートしているときは夢見心地ですべてを忘れ、独身時代に戻ったようでした」などと言おうものなら、視聴者から総スカンを食らったのかもしれない。

ただ、ひとつ気になることがある。子育て期間はどんどん延び、いまや30代や40代になってもなかなかひとり立ちしない〝子ども〟が増えている。そうなると、女性は20代後半か30代から50代、ともすれば60代になっても子育てが終わらない、などということもありうる。

これは負け惜しみに聞こえるかもしれないが、その期間をずっと「自分より夫より、とにかく子ども」ですごすのは、ときとして「私の人生って何?」といった疑問やむなしさにもつながるのではないか。いくら子育てで満足し、充実していたとしても、これだけ文明が進化し豊かになった社会では、必然的に「自己実現」が大きなテーマとならざるをえないからだ。

また、ママとしてのみ生きてきた女性が、子育て期間が終わった後に夫との関係をまったく築けてこなかったことに気づき、「私は誰からも女として見られていない」という挫折感を抱えながら人生の後半を迎えなければならない、という問題もある。診察室で見ていてたいへんに深刻だ。この50代以降の女性の枯渇感、自己肯定感の低下、さらにはうつ症状や妄想などについては、またいつかまとめて書いてみたい。

しかし、それでも世間は、「私の人生すべて私のもの」という女性のことを、「自分勝手、わがままだ」と言うのだろうか。

さらにタイミングが悪いことに、現在は少子化が大きな問題になっている。「子どもは持たない」という女性のチョイスは、即、「そんなわがままな女性が増えたから、少子化が進んだのだ」ということとセットで語られてしまう。

もう本書も終わりに近づいたので、ここで私の考えをはっきり述べておきたい。

私は、多くの女性あるいはそのパートナーの男性が「子どもより自分やカップル」と考えた結果、「子どもは持たない」という人生を選び、少子化が進むのは、尊重されるべき選択肢のひとつと思っている。そこで、「あなたたちの人生を犠牲にしても子どもを産むべきだ」などと強要するのは、時代錯誤な人権侵害でしかない。

本文でも触れたように、もちろん、子どもがほしいのに経済的理由、保育園問題などで出産をためらう人たちには、安心して産めるような状況を、政治がすぐにでも用意すべきだ。

ただ、そうしても「人生の目的は、自分が自分らしく生きること」という自己実現が究極のゴールになったこの現代社会では、ママになることを積極的に選択する女性が激増するとは、どうしても考えられない。

その中で、「私は子どもより自分」と強く思った女性、あるいはそこまで強い意志でなくても「何となく仕事かな」とやや消極的に考えた女性がノンママとして生きることを、誰がとがめることができるだろう。

そして、そういうノンママ人生を選んだ女性にも、当然のことながら「子どもがいれば楽しかったでしょうね」などとママをうらやんだり、ときには「産めばよかったかな」とちょっとだけ後悔してみたりする権利はもちろんある。

ノンママがそんなふうに迷い、心細さを口にするだけで、いっせいに「ほら見たことか。産めるときに産まないからそうなるんだ」と、まるで「アリとキリギリス」のキリギリスを見るような目で見て非難するのもやめてほしい。誰もが100パーセントの確信でノンママになるわけではないのだから、たまには「あーあ、子どもがほしかったな」などとボヤく自由を、ノンママにも与えてほしい。

いろいろ考えて、私自身は結局、「子どもがそんなにほしくなかったんだ」というあまりにも平凡な結論にたどり着いた。そのときどきで「仕事か結婚か」「執筆か子どもか」というぼんやりした選択肢が目の前にぶら下がっていたことはあったはずだが、いずれの場合も私が選んだのは前者、つまりノンママにつながるほうであったのだ。

2割くらいは「だっていま休むわけにはいかないし」というやむをえない状況のせいであったが、それでもどうしても「子ども」と思ったら、まわりへの配慮もほどほどにそちらを選んだはずだ。やっぱり私は、「子どもはいなくていいかな」と思ったからそうしたのだ。とてもシンプルな話だ。

その結果、先ほども書いたように、もちろんときには寂しいし、ごくまれに「親にも孫を見せてあげられず悪かったかな」などと常識的なことも思う。ただそれよりも、突然予定が変わっても対応可能だったり、政治的な発言をして匿名の誰かから「子どもを襲う」などと脅されることもないしと、いまのライフスタイルやスタンスにはノンママが本当によく合っている。「人生うまくできてるな」とつくづく思うのだ。

ただ、「これでいいのだ」という心境にたどり着くまでには、いままで生きてきた年数、私の場合でさえ56年もかかったわけだし、世間にはまだまだ迷い中のノンママ、ママたちの中で肩身の狭い思いをしているノンママもいるだろう。

そんな人、いますよね、と、ある懇親会の席で偶然に出くわした共同テレビジョンの栗原美和子さんとパーティートークを交わしたのは、昨年のことだった。そのときはそこでのおしゃべりにとどまっていたのだが、次の日になっても会話が忘れられず、お互いほぼ同時に「あの話、もう少ししませんか？」とメールを打ち合ったのだ（それがすぐ「本にしてドラマにしましょう！」と仕事モードになるのがノンママ体質か）。

ということで、本書は同世代のノンママ、栗原さんとの共同作業でできた上がった一冊だ。栗原さんのほうは私とのやり取りから独自のノンママ世界観を膨らませ、映像化に向けて動き出した。折しも、東海テレビが『オトナの土ドラ』という、深夜の連続ドラマ枠を新設することになった。ターゲットはＦ２（35〜49歳の女性）とＦ３（50歳以上の女性）、しかも、ゴールデンタイムでは扱いにくい、エッジの立ったドラマを放送する枠とのことで、栗原さんが企画を提案し、『ノンママ白書』を実現させてくれた（東海テレビ、フジテレビ系列で8月13日より放映開始予定）。

栗原さんと出会えたのも、ノンママだったからこそ。私はこの運命に、心から感謝したいと思っている。

そして、もうひとり。栗原さんはテレビの世界のノンママ、私は医療と言論の世界のノンママ、それに出版の世界のノンママとして加わってくれたのが幻冬舎の小木田順子さんだ。書籍化にあたっては、いや、それより前の企画の段階から私たちふたりに交じり、小木田さんも自分の体験、まわりで起きていることなどをあれこれ話してくれて、おおいに盛り上がり、それが私たちの創造力をかき立ててくれた。小木田さんにも心からお礼を伝えたい。

時代は混沌としており、「あなたはママ」「私はノンママ」などと線引きをして女性どうしが対立している場合ではない。

本書でちょっぴりノンママの切ない気持ち、とまどい、現実の壁、これからの夢などを確認したら、後はママ、ノンママ、シングル、既婚などに関係なく、垣根を超えて女性どうしフォーメーションを組んで、この現実に立ち向かっていこう。
私もまた元気を出して、これからもノンママ人生を楽しみながら駆けていきたい。

2016年6月

香山リカ

著者略歴

香山リカ(かやま・りか)

1960年、札幌市生まれ。東京医科大学卒業。精神科医。立教大学現代心理学部映像身体学科教授。豊富な臨床経験を活かし、現代人の心の問題のほか、政治・社会批評、サブカルチャー批評など幅広いジャンルで活躍する。『スピリチュアルにハマる人、ハマらない人』『しがみつかない生き方』『弱者はもう救われないのか』(いずれも幻冬舎新書)、『50代になって気づいた人生で大切なこと』(海竜社)、『50オトコはなぜ劣化したのか』(小学館新書)など著書多数。

ノンママという生き方
子のない女はダメですか?

2016年7月5日　第1刷発行

著　者　香山リカ

発行者　見城 徹

発行所　株式会社 幻冬舎

〒151-0051 東京都渋谷区千駄ヶ谷4-9-7

電話　03(5411)6211(編集)

03(5411)6222(営業)

振替　00120-8-767643

印刷・製本所　中央精版印刷株式会社

検印廃止

Printed in Japan

ISBN978-4-344-02965-1　C0095

幻冬舎ホームページアドレス　http://www.gentosha.co.jp/

この本に関するご意見・ご感想をメールでお寄せいただく場合は、
comment@gentosha.co.jpまで。